# Storytelling
## Líderes Narradores de Histórias

# GISLAYNE AVELAR MATOS

# Storytelling
## Líderes Narradores de Histórias

Copyright © 2010 Gislayne Avelar Matos

Todos os direitos desta edição reservados à Qualitymark Editora Ltda.
É proibida a duplicação ou reprodução deste volume, ou parte do mesmo, sob qualquer meio, sem autorização expressa da Editora.

| Direção Editorial | Produção Editorial |
|---|---|
| SAIDUL RAHMAN MAHOMED<br>editor@qualitymark.com.br | EQUIPE QUALITYMARK |

| Capa | Editoração Eletrônica |
|---|---|
| Renato Martins<br>Artes & Artistas | EDEL |

CIP-Brasil. Catalogação-na-fonte
Sindicato Nacional dos Editores de Livros, RJ

M381c
    Matos, Gislayne Avelar, 1953-
        Storytelling: líderes narradores de histórias / Gislayne Matos. –
Rio de Janeiro: Qualitymark, 2010.
        176p.

        Apêndice
        Inclui bibliografia

        ISBN 978-85-7303-936-8

        1. Comunicação nas organizações. 2. Comunicação na administração de pessoal. 3. Arte de contar histórias. 4. Liderança. 5. Cultura organizacional. I.Título.

        CDD: 658.45
10-2494        CDU: 005.57

**2010**
**IMPRESSO NO BRASIL**

Qualitymark Editora Ltda.
Rua Teixeira Júnior, 441
São Cristóvão
20921-405 – Rio de Janeiro – RJ
Tels.: (0XX21) 3295-9800 ou 3094-8400

Fax: (0XX21) 3295-9824
www.qualitymark.com.br
E-mail: quality@qualitymark.com.br
QualityPhone: 0800-0263311

A todas as pessoas que, com sinceras e boas palavras contribuem para a construção de um mundo melhor para as futuras gerações.

Minha profunda gratidão

À Flávia Regina Patente, incansável em sua dedicação, amiga de todas as horas, companheira de sonhos e esperanças. Com sua presença harmoniosa faz com que tudo se torne viável.

À Keu Ribeiro, interlocutora fina, companheira de ideias e amiga leal. Com sua competência e clareza trouxe uma ajuda inestimável para a elaboração deste livro.

# PREFÁCIO

............................................................

*"Uma oportunidade é um bicho pequeno,
de pêlo curto e sem rabo.
A gente só agarra pela frente."*

Esta é uma frase simples, curta, que qualquer um de nós, que vive o dia a dia dos negócios entende com clareza, seja quando aplicada ao mundo externo, o mercado de atuação da empresa, seja quando aplicada ao mundo interno, à organização e suas pessoas. Não é necessário explicar, detalhar, juntar outras palavras para sentirmos, com a energia necessária, tudo o que ela encerra.

As histórias no ambiente dos negócios têm para mim esta potência, comunicar a um público específico exatamente o que precisamos, em uma linguagem que todos entendam. Uma linguagem comum a todos os ouvintes, mas cuja mensagem é traduzida e individualmente apropriada na medida certa por cada um, a partir da sua experiência pessoal, seu ouvido pessoal e único.

Tive a oportunidade de me encontrar com as histórias quando minha esposa, Maria Célia, iniciou seu primeiro curso de Contação de Histórias com Gislayne Matos. Já se vão mais de 10 anos ouvindo histórias que quero ouvir e aquelas que preciso ouvir...

Desde então não perco a oportunidade de compartilhá-las, não como um Contador de Histórias, mas como um profissional que precisa, no seu dia a dia, de um recurso de comunicação eficiente.

Procurar histórias para motivar pessoas, integrar pessoas, instigar pessoas sobre os desafios de um novo projeto, conscientizar pessoas sobre as metas que contratamos no plano de ação anual, é na verdade, para quem o faz também um ótimo treinamento, porque exige o pensar de forma ampla, em função do contexto, e também de maneira focada, em função do objetivo pretendido.

O alvo primário das histórias é sempre a pessoa.

São as pessoas que podem, no contexto dos negócios e das organizações, gerar resultados, praticar a cultura tornando concreto os valores organizacionais, identificar, iniciar e consolidar as mudanças e evoluções essenciais ao desenvolvimento empresarial, tudo isto e muito mais.

Para aqueles que têm a missão de liderar pessoas, nada do que disse no parágrafo anterior é novo. A inovação está em podermos aplicar adequadamente o potencial das histórias nas nossas organizações; objetivo para o qual foi concebido este livro, que reflete a qualificada experiência de Gislayne Matos, dando-nos a oportunidade de conhecermos, de entendermos a história das histórias e como trazê-las ao interior de nossas organizações.

Não poderia encerrar, sem agradecer a Gislayne o especial convite para participar desta iniciativa e registrar a satisfação em compartilhar minha crença na aplicação das histórias também no ambiente empresarial.

**Fausto Jiram Flecha**
Executivo Responsável pela Área de Administração
Mendes Junior

# SUMÁRIO

| | |
|---|---|
| INTRODUÇÃO | 3 |
| A INVENÇÃO DO *STORYTELLING* | 9 |
| VENHA CÁ... EU TE CONHEÇO? | 19 |
| UMA VELA A DEUS, OUTRA AO DIABO | 27 |
| A PRAGA DOS CHINESES | 35 |
| CONTADORES DE HISTÓRIAS: O RETORNO | 39 |
|    O texto do contador de histórias | 47 |
| PAPO VAI, PAPO VEM | 75 |
|    Contos tradicionais e histórias criadas nas organizações | 76 |
|    Funções e aplicações | 77 |
|    Na base e estrutura das organizações | 78 |
|    Na construção da memória organizacional e gestão do conhecimento | 79 |
|    No incremento das ações | 81 |
| GENTE É FEITA PARA BRILHAR | 89 |
| E EMPRESAS PARA CONQUISTAR | 93 |
|    Humanização no trabalho | 94 |
|    Estímulo à imaginação criadora | 104 |
|    Capacidade de comunicar | 106 |
|    Poética da oralidade | 110 |
|    Transmissão de conhecimento | 117 |
| SUGESTÕES DE PRÁTICAS | 125 |
|    O Ateliê Contos e Caminhos Iniciáticos inspirando Trabalhos na empresa | 125 |
| CONCLUSÃO | 139 |

# Relação das Histórias

Perguntas e respostas
O lado certo
Como Nasrudin criou a verdade
Uma gota de mel
O anúncio
Nada a ver comigo
Matéria para comer e material para ler
Sabedoria à venda
O contador de histórias
A história de Mirza-han
A forma da neve
A astúcia do camponês
Lucun à la pistache
O ritmo da vida
A vaca foi para o brejo
Eu como...
Onde há luz, há esperança
A princesa obstinada
O cavalariço
O mestre e o jovem arrogante
Usando os recursos
A charrete
O tesouro de Bresa
Adivinha?

### *Perguntas e Respostas*

Um discípulo de Nasrudin um dia perguntou-lhe:

– Nasrudin, por que você sempre responde a uma pergunta com outra?

Ao que Nasrudin contestou:

– Eu faço isso?

# Introdução

A contação de histórias e a construção de narrativas vêm sendo utilizadas pelas empresas como ferramenta de gestão (*storytelling*) desde o final dos anos 1990. Inicialmente nos EUA, a seguir na Europa e mais recentemente no Brasil.

Afirmam alguns dos entusiastas do *storytelling* que os contos tradicionais e histórias criadas com a finalidade de atender às necessidades da organização são hoje uma ferramenta imprescindível na gestão do conhecimento, na construção da memória organizacional e na humanização do ambiente de trabalho. Outros dizem que elas permitem estudar a política organizacional, cultura e mudanças, revelando como as questões organizacionais são vistas, comentadas e trabalhadas pelos seus membros.

Elas facilitam a comunicação, aceleram a mudança organizacional, estimulam a inovação e a transmissão de conhecimentos. Sua aplicação no ambiente organizacional estende-se das práticas de liderança, esclarecimentos de conceitos abstratos, até incremento de vendas e alavancagem do *marketing*.

As narrativas sempre fizeram parte das organizações, sob a forma das histórias que circulam entre os corredores, nos almoços, no chão de fábrica. Nos processos formativos, vimos surgirem os casos de sucesso. Há ainda as anedotas, que fazem parte do encontro entre profissionais nos ambientes não formais do trabalho, mas nos quais se fala de trabalho. Ou seja, elas, de alguma, forma sempre estiveram presentes.

Também, com o surgimento do conceito de gestão do conhecimento, a necessidade de encontrar novas formas de comunicar tanto com o público interno quanto com os públicos externos, um novo status vem sendo conferido às histórias, ao mesmo tempo em que este conceito é ampliado.

As novas lideranças precisarão estar atentas à importância dos contos tradicionais e das histórias criadas na organização para os processos que gerenciam, estimulando que sejam contadas, que circulem e que façam parte do cotidiano. Essa prática pode contribuir para a análise de cenários, busca de respostas e inspiração para a experiência de cada ciclo organizacional.

É importante notar que a contação de histórias é uma antiga habilidade humana, chave de todas as sociedades primitivas no processo de construção e manutenção do conhecimento. Dado a modernidade e o surgimento de novas instrumentalidades, desapareceu gradualmente do cenário, especialmente entre fins do século XIX e no decorrer da primeira metade do século XX. A contemporaneidade, no entanto, percebe que há certas dimensões da vida que podem ser mais bem compreendidas através dos contos tradicionais, por isso, esta época assiste ao retorno gradual dos contadores e suas histórias, adentrando inicialmente os espaços educacionais e terapêuticos e, agora, iniciando um percurso no mundo organizacional.

Há três décadas estou envolvida com estudos sobre o retorno dos contadores de histórias nas sociedades contemporâneas e a função dos contos tradicionais em educação e terapia. Quanto aos contos, posso assegurar que seu poder transformador em processos individuais e coletivos é inquestionável. Não menos importante, no entanto, é o retorno dos contadores de histórias como testemunhas de uma sabedoria milenar recolhida e armazenada nos contos tradicionais.

Estender meu interesse pelo assunto ao movimento *storytelling* poderia ser apenas um desdobramento natural de um objeto de pesquisa, mas na verdade ele deve-se a outras circunstâncias que serão tratadas mais adiante.

Na base da construção deste livro, estão algumas questões que foram abordadas do ponto de vista de uma contadora de histórias:

- Como os contadores de histórias e os contos tradicionais vêm sendo assimilados pelas organizações? Há algo mais a propor sobre isso?
- Como a construção de narrativas transformadoras, inspirada na experiência de outras áreas, pode ser utilizada nesse ambiente?

O fenômeno *Storytelling* é recente, o que pressupõe que sua teorização também o seja. Mas ao buscar fontes de estudo, surpreendeu-me o volume de publicações já disponíveis na internet. Evidente que consultei apenas algumas que me pareceram esclarecedoras. Aprofundei um pouco mais nas obras de dois teóricos importantes e cujas posições em muitos pontos não coincidem.

Como representante dos entusiastas, fiquei com Stephen Denning, um dos precursores do movimento nos EUA. Suas obras: *Liderar é da sua natureza* e *Narrativas organizacionais*, já traduzidas para o português, são muito conhecidas.

O contraponto foi a obra de Christian Salmon: *Storytelling, la machine à fabriquer des histoires et à formater les esprits*, citada reiteradas vezes na maioria dos artigos consultados.

Ainda que não seja meu objetivo aqui, conhecer um pouco dessas duas posições enriqueceu minha percepção sobre o assunto.

Resultado disso é que na primeira parte do livro em "A invenção do Storytelling" e "Venha cá... eu te conheço?", compartilho com o leitor minhas descobertas sobre o aparecimento do *storytelling* e as reações que esse movimento provoca entre as partes envolvidas.

Na sequência, "Uma vela a Deus, outra ao diabo" e "A praga dos chineses", propus uma reflexão sobre o sagrado e o profano como uma forma de traduzir o "ser" como central no discurso dos contadores de histórias e o "ter" no discurso dos agentes do *storytelling*. Estendo a reflexão ao momento atual que envolve grandes mudanças para as organizações.

A intenção, ao abordar a polaridade "ser e ter", representada pelo sagrado e o profano, foi, além de ampliar essa compreensão, sugerir a integração dessas "polaridades" nas abordagens organizacionais, para, com isso, tornar mais humanas as relações de trabalho.

Em seguida: "Contadores de histórias: o retorno", de forma breve, mas penso que necessária, situo o leitor no contexto histórico que precedeu o retorno dos contadores de histórias. As empresas estão inseridas nesse mundo que os chamou de volta. Entender suas razões é, de alguma forma, entender também as mudanças pelas quais vem passando o mundo das organizações e por que os contos tradicionais e as histórias criadas podem se tornar um importante instrumento de gestão.

Além disso, tal entendimento ajuda a rever a forma de assimilação dos contadores e seus "contos", pelas empresas. Estariam estas compreendendo bem sua função e aproveitando o que eles têm de melhor? "Papo vai, papo vem" trata dessas questões.

Nos tópicos "Gente é feita para brilhar" e "E empresas para conquistar" esclareço e analiso as circunstâncias que me levaram a mergulhar neste estudo; e em seguida, sugiro algumas práticas que, vindas do mundo do contador de histórias, podem ser de grande valia ao mundo das organizações.

Entremeei as análises com alguns contos de tradição oral. Sua temática é semelhante à do texto analítico. O objetivo é possibilitar ao leitor a experiência de transitar entre duas formas de pensamento.

Com o perdão da simplificação reducionista, diríamos que se trata de um trânsito entre duas linguagens: uma destinada ao hemisfério esquerdo do cérebro e outra ao hemisfério direito. Uma questão que vem sendo levantada pelo *storytelling*.

## *Conto-História-Narrativa*

Neste livro, conto tradicional, história e narrativa não são considerados como termos sinônimos.

Conto é o texto próprio do contador de histórias e, no caso, nos referimos especificamente ao conto tradicional, também conhecido como tradição oral ou popular.

Ao texto produzido pelo *Storytelling* chamamos de histórias organizacionais, histórias criadas ou simplesmente histórias.

Contos tradicionais e histórias organizacionais têm algumas características comuns, mas não são a mesma coisa, o que faz com que sua utilização nas empresas responda a diferentes necessidades.

Narrativa é uma técnica de enunciação cujo objetivo é envolver o ouvinte numa série de acontecimentos. Uma boa narrativa encanta e faz com que o ouvinte sinta-se concernido.

Tudo que nos acontece busca uma forma narrativa para ser comunicado, por isso, nada é mais natural ao ser humano do que narrar. Narramos contos, histórias, relatos de viagens, anedotas, etc.

## *O Lado Certo*

– As pessoas sensatas sempre veem as coisas da mesma forma – disse Khan de Samarcanda a Nasrudin um dia.

– Este é precisamente o problema com os "sensatos" – disse Nasrudin. – Entre eles, estão incluídas algumas pessoas que sempre veem apenas um lado da questão, quando há no mínimo dois.

O rei mandou chamar os sábios e filósofos para que pudessem interpretar sua fala, mas todos acharam que Nasrudin estava falando besteira.

No dia seguinte, Nasrudin andou pela cidade montando num burro às avessas.

Quando chegou ao palácio onde o rei estava sentado com seus conselheiros, Nasrudin disse:

– Poderia Vossa Majestade, por favor, perguntar a estas pessoas o que elas acabaram de ver?

Quando o rei lhes perguntou, todos responderam:

– Um homem sentado no burro virado para o lado errado.

– É exatamente isso que quero demonstrar – disse Nasrudin. – O problema com todos eles é que não perceberam que talvez eu que estivesse certo e o burro voltado para o lado errado.

# A Invenção do Storytelling

O *storytelling* apareceu nos Estados Unidos, em meados dos anos 1990, como uma nova escola de Administração. E por que isso? "Porque é preciso reaprender tudo: pensar, agir, trabalhar em rede, gerenciar à distância, formar equipes nômades, controlar a superabundância de informações, adaptar-se à rapidez dos negócios em tempo real. Há inovações que engendram as *"e-transformations"* e os prejulgamentos tenazes, que resultam na perda de milhões de dólares. Acabaram as apresentações Power Point, os check-lists, as argumentações cansativas. Lugar para o *Storytelling*!"[1]

A princípio, foi grande a resistência das empresas a esse movimento que já batia às suas portas, mesmo assim, ele veio para renovar as esperanças de muitos, como é o caso do antigo dirigente do Banco Mundial, S. Denning, que se tornou uma referência do novo *management*.

Segundo Denning, a razão do sucesso do *storytelling* em meados dos anos 1990 é simples: "nada mais funcionava". Ele relata a forma como descobriu esse caminho. No início dos anos 1990, fora encarregado de melhorar a circulação e compartilhamento de informações no Banco Mundial, que não apenas deve financiar projetos de desenvolvimento, mas também colocar em circulação as boas ideias e transferir conhecimentos e experiências.

Os relatórios internos reforçavam a necessidade de se definir uma política, procedimentos e controle no gerenciamento da informação, pois o sistema deixara de corresponder às necessidades da organização. As notas de serviço e conferências se multiplicavam e encontravam sempre a mesma reação de indiferença geral.

Denning percebeu, então, que os argumentos racionais e os métodos tradicionais de comunicação não funcionavam mais com os empregados, e não obstante, o volume e fluxo de informações não parava de crescer. Ele conta: "Naquele momento, eu me encontrava diante de um desafio de liderança que fazia com que as ferramentas tradicionais de gestão parecessem impotentes. Ao tentar comunicar uma nova ideia para uma audiência cética descobri que as virtudes de precisão, rigor e transparência não estavam funcionando".[2]

Diante de tal impasse, que parecia sem saída com o modelo tradicional esvaziado, ele soube da história de uma enfermeira no interior da Zâmbia que procurava informações sobre o tratamento da malária e encontrou o que necessitava pela internet, num site do *Center for Disease Control* de Atlanta. Isso significava que informações e saberes poderiam ser transmitidos de um laboratório americano a uma enfermeira na Zâmbia (hoje a prática é corrente, mas na época, ainda não). O problema é que o Banco Mundial deveria fazer exatamente isso e não tinha contribuído em nada no caso da enfermeira.

Resolveu, então, contar essa história, que apresentava o problema e a solução e podia ser transmitida com facilidade a toda a organização.

Para sua surpresa, ela se alastrou rapidamente em todos os setores do Banco Mundial, que vinha sendo muito criticado pela ineficácia em fazer o que era sua missão fazer.

"Tendo passado a vida toda acreditando no sonho da razão", diz ele, fiquei pasmo ao descobrir que uma historia contada apropriadamente tinha o poder de fazer o que um estudo analítico rigoroso mal conseguia – comunicar uma estranha ideia nova com facilidade e de forma natural, motivando rapidamente as pessoas a agirem com grande entusiasmo."[3]

A partir daí as coisas tomaram outro rumo. Convencido de ter encontrado um novo método de comunicação organizacional, Denning deixou o Banco Mundial para tornar-se o mais ativo representante do *storytelling management*.

Nessa nova escola de Administração, ele defendia uma abordagem de gerenciamento "tolstoiana" nas empresas, ou seja, usar histórias para ativar o conhecimento tácito, o que estimularia, então, o diálogo entre trabalhadores e favoreceria a troca de informações e experiências entre eles.[4] Até porque a maioria do capital intelectual das empresas está nas mentes das pessoas e esse *know how* normalmente é transmitido de modo informal, dentro e fora das organizações, através do *storytelling* ou narrativas de histórias.[5]

Portanto, "a história do *storytelling management* é também a história da glória da empresa 'cognitiva' (*knowing firm)*, cujo objetivo não é apenas a produção de mercadorias, mas o compartilhamento de conhecimentos, a circulação de informações, a gestão de emoções".[6]

"Tendo uma boa história para contar, estruturada de acordo com o princípio aristotélico narrativo de início, meio e fim, e sabendo contá-la, gestores podem fazer do *storytelling* uma ferramenta de gestão do conhecimento dentro das empresas",[7] "uma vez que a estrutura narrativa de uma história permite aos intervenientes estabelecer uma plataforma de comunicação eficiente e eficaz do ponto de vista da partilha do conhecimento".[8]

"Passada a perplexidade inicial com a novidade, o *storytelling* tornou-se peça indispensável nas tomadas de decisão, tanto na política, quanto na economia, novas tecnologias, universidades ou na diplomacia. O sucesso de uma negociação comercial ou a assinatura de um tratado de paz. O lançamento de um novo produto ou a preparação dos empregados para aceitarem uma mudança importante, a concepção de um jogo de vídeo... etc. tudo isso passou a ter no *storytelling* o caminho seguro para o sucesso."[9]

A partir de 2001 o sucesso dessa nova ferramenta de gestão começou a chegar em empresas como Disney, Coca-cola, Adobe.[10]

Lori L. Silverman, consultor americano em *management*, constata que, em 2006, algumas governamentais e grandes empresas descobriram sua eficácia. A Nasa, Verizon, Nike e Land's End consideram então o *storytelling* como a abordagem mais eficaz, atualmente, nos negócios.[11]

Não apenas os líderes acabavam de adquirir um instrumento eficaz para incluírem em suas práticas de gestão, como também o pessoal do *marketing* descobria um novo horizonte.

Mas isso não se deu ao acaso. Nos anos 1990, conta Salmon, as marcas se exprimiam por sinais gráficos, por *logos* fulgurantes: maçã da Apple, *swoosh* da Nike, arco do McDonald's, concha da Shell, etc. Em dez anos, as marcas valiam mais que a moeda, e significavam riqueza. O produto se dissolvia na marca. Na Bolsa, elas tocavam o céu.[12]

Mas no final dos anos 1990 as coisas mudaram. Sob as *logos* polidas das marcas, apareciam os operários indonésios que costuravam os tênis da Nike. Seu nome, *slogan* e produtos foram assunto de um relato, demonizando a "divina" marca.

As crianças escravas de Honduras confeccionavam as roupas de esporte para a cadeia de distribuição Wall-Mart. As jovens operárias do Haiti, que fabricavam os pijamas "Pocahontas" para Disney, estavam tão desnutridas que alimentavam seus bebês com água com açúcar.

Eram histórias de sofrimento e de exploração. Em junho de 1996, a revista *Life* publicou fotografias de crianças paquistanesas inclinadas sobre as bolas de futebol com a *logo* da Nike. Essas imagens correram o mundo.

No interior das marcas, havia histórias, e histórias sujas. Era preciso salvar essas marcas urgentemente. Para apagar essas histórias seria necessário construir outras, edificantes. Para isso seria necessário rever a cultura da organização.

Aos relatos de exploração da mão de obra que haviam desmistificado a marca Nike, era necessário opor outros relatos, uma contranarrativa. A marca não se bastava, precisaria que se tornasse um vetor de histórias. (Pode-se consultar o caso – que já é antigo, mas continua sendo lembrado – pela internet: Academy of management 2000 "Tempo e Nike".)

Para Laurence Vincent: "Os marqueteiros deverão reformular seu vocabulário. Eles devem abandonar o léxico do *marketing* tradicional e se tornarem *storytellers,* não pensando mais em termos de 'planos estratégicos', mas concebendo a marca como um relato e as 'campanhas' publicitárias como 'sequências narrativas'. Não mais falar em consumidores, mas em audiência. Trocar as *logos* pelos personagens..."[13]

Diferente do *marketing* tradicional, o objetivo do *marketing* narrativo não seria mais o de simplesmente seduzir e convencer o consumidor a comprar um produto. Tratava-se, agora, de mergulhar no universo narrativo e produzir um efeito de crença. Não mais estimular a demanda, mas oferecer um relato de vida que proponha modelos de conduta integrados, incluindo certos atos de compra através de verdadeiras engrenagens narrativas. Nós não compramos apenas a mercadoria, compramos também a história.[14]

Segundo Seth Godin, o inventor americano do *marketing* viral, "o novo *marketing* tem por objetivo contar histórias, e não conceber publicidades".[15]

A partir dos anos 2000, relata Salmon, os grandes grupos americanos se engajaram fortemente na reconstrução narrativa de suas marcas.[16]

Em 2002, Asharaf Ramzy, que se autodenomina um *mythmaker* um "fazedor" de mitos, abriu em Amsterdan uma agencia de aconselhamento em *marketing*, chamada: "Narratividade". Sua crença: "As pessoas não compram produtos, mas as histórias que esses produtos representam. Elas não compram mais as marcas, mas sim os mitos e os arquétipos que essas marcas simbolizam". Ramzy dá muitos exemplos, entre eles, o do produtor do whisky Chivas Brothers, marca que perdera seu prestígio no final dos anos 1990. "Chivas, era um whisky que seu pai bebia, algo que você oferecia de presente, mas que você mesmo não bebia", explica Ham Zatingh, diretor do *marketing*. A marca era conhecida, mas havia perdido todo o seu significado para as pessoas. "Nós queríamos reforçar e alimentar a essência de nossa marca, rica e generosa. Os irmãos Chivas tinham criado uma bebida rica e generosa, porque eles mesmos tinham uma atitude rica e generosa frente a vida."[17]

Por isso, nada melhor do que uma boa história. Os marqueteiros de Chivas decidiram, então reescrever a história da marca. Um jornalista foi contratado para contar seus momentos de glória: *The Chivas Legend*[18] (A Lenda de Chivas), um relato que contava em doze episódios a vida do "whisky doze anos".

A história começa pela concessão da marca real no século XIX, por ocasião de uma visita da rainha a Balmoral, berço da marca, quando *Chivas Brothers* tornaram-se fornecedores oficiais da coroa inglesa. Ela segue com a assinatura do malte original, proveniente das mais antigas destilarias das *Highlands*, construídas em 1786. Depois, veio a idade de ouro, nos anos 1950: *Chivas* desembarca nos EUA tendo ao fundo o *rock'n'roll*, acompanhado pelas estrelas da época, Dean Martim, Sammy Davis Jr, Frank Sinatra... Todas essas ficções "ricamente evocadoras" se fundem umas nas outras, e formam uma só e mesma história: "A lenda de Chivas". Hoje, a marca circula de bares a discotecas, sendo vendida como nos bons tempos pelos *storytellers,* os contadores de histórias, chamados de *brand ambassadors*, os embaixadores da marca.

Criando "A lenda de Chivas", conclui Han Zantingh, nós conseguimos reconectar nossa herança e nossa audiência. Isso não apenas interrompeu o declínio da marca num mercado muito competitivo, mas também permitiu inverter a tendência.[19]

Nossa tendência é repetir as boas histórias. Pergunta Christian Budtz: "Sua sociedade tem uma história original a contar? Uma história tão honesta, tão cativante e tão lírica, que nós estejamos prontos a pagar para fazer parte dela?" E responde: "As marcas devem se construir sobre a base de uma história honesta, autêntica e que faz apelo aos valores pessoais do consumidor".[20]

No lado oposto, o *storytelling* é alvo de desconfiança. "Alguns acadêmicos são reticentes sobre a tentativa de transformar as histórias em uma ferramenta de comunicação à disposição daqueles que já têm poder. Esses argumentam que as histórias inventadas ou fabricadas tendem a gerar anti-histórias, provocando o cinismo, a desconfiança e o ridículo."[21]

Lym Smith[22] acredita que: "(...) cativantes, as histórias podem ser transformadas em mentiras ou em propaganda. Se as pessoas mentem para si mesmas com suas próprias histórias, com uma história que propõe uma explicação tranquilizadora sobre os acontecimentos, podem também enganar, diminuindo as contradições e as complicações". E Paul Costello: "Antes, sempre se dizia: não passa de um história, mostre-me os fatos, agora muitas pessoas começam a perceber que as histórias podem ter efeitos reais que devem ser levados a sério".[23]

Para Salmon, "narrar tornou-se um meio de seduzir e convencer, influenciar um público, os eleitores, os clientes".[24]

"Em todo caso, o triunfo do *storytelling* assinala bem uma transformação que afeta a economia dos discursos (sua produção, sua acumulação e sua circulação), uma redistribuição que enfraquece o lugar respectivo e o *status* da verdade dos discursos políticos, econômicos, científicos, religiosos, a separação entre o verdadeiro e o falso, o sagrado e o profano, as fronteiras entre realidade e ficção." (...) O projeto de *Storytelling* se resume a uma formatação em relato generalizado da vida no trabalho.[25]

"O que se percebe hoje em dia é que o ato de contar histórias pode aparecer totalmente desvinculado dessa dimensão evolutiva da antiga prática de transmissão oral de histórias. (...) podemos inferir sua relação [do *storytelling*] com a hegemonia do capitalismo, da industrialização e do consumo nas sociedades modernas."[26]

Grande parte dos contadores de histórias se posiciona ao lado desses últimos. Eles mantêm uma postura de cautela em relação ao gerente *storytelling*, e este, igualmente não parece cair de amores por eles, pelo menos em determinadas circunstâncias. Acontece que, já no início, o encontro entre as partes parece ter sido mesmo um desse desencontro.

## Notas

[1] Salmon, 2008, p. 47.
[2] Denning, 2006, introdução.
[3] Denning, 2006, introdução.
[4] Nonaka e Takeuchi *apud* Carvalho *et al.*, 2007, p. 11; Nichani, Rajamanickam, 2001, pp.4-5; Carvalho *et al*. 2007, p. 23 citados por Padilha e Domingos, 2009.
[5] Nonaka e Takeuchi apud Carvalho *et al.*, 2007, p. 11; Nichani, Rajamanickam, 2001, pp. 4-5; Carvalho *et al.* 2007, p. 23 citados por Padilha e Domingos, 2009.
[6] Salmon, 2008, pp. 46-47.
[7] Teixeira *apud* Carvalho *et al.*, 2007, pp. 7-8 citados por Padilha e Domingos, 2009.
[8] Appan, 2004 e Sole, 2003 citados por Silva, 2006.
[9] Salmon, 2008, p. 47.
[10] Salmon, 2006 citado por Padilha e Domingos, 2009.
[11] Silverman, citado por Salmon, 2008, p. 12.
[12] Salmon, 2008, pp. 30-32.
[13] Vincent, citado por Christian Salmon, 2008, p. 39.
[14] Salmon, 2008, p. 42.
[15] Seth Godin, citado por Christian Salmon, 2008, p. 21.
[16] Christian Salmon, 2008, p. 32.
[17] Ramzy e Zatingh, citados por Salmon, 2008, pp. 32-33.
[18] Ramzy e Zatingh, citados por Salmon, 2008, pp. 32-33.
[19] Ramzy e Zatingh, citados por Salmon, 2008, pp. 32-33.
[20] Budtz, citado por Salmon, 2008, pp. 37.
[21] Czarniawska-joerges, 2004.
[22] Smith, citado por Christian Salmon, 2008, p. 11.
[23] Costello, citado por Salmon, 2008, p. 11.
[24] Salmon, 2006 citado por Padilha e Domingos, 2009.
[25] Salmom, 2006, posfácio.
[26] Padilha e Domingos, 2009.

## *Como Nasrudin Criou a Verdade*

"Estas leis não tornam melhores as pessoas", disse Nasrudin ao Rei; "elas devem praticar certas coisas de forma a sintonizarem-se com a verdade interior, que se assemelha apenas levemente à verdade aparente."

O Rei decidiu que poderia fazer que as pessoas observassem a verdade – e o faria. Ele poderia fazê-las praticar a autenticidade.

O acesso à sua cidade era feito por uma ponte, sobre a qual o Rei ordenou que fosse construída uma forca.

Quando os portões foram abertos ao alvorecer do dia seguinte, o Capitão da Guarda estava postado à frente de um pelotão para averiguar todos os que ali entrassem.

Um édito foi proclamado: 'Todos serão interrogados. Aquele que falar a verdade terá seu ingresso permitido. Se mentir, será enforcado'.

Nasrudin deu um passo à frente.

– Aonde vai?

– Estou a caminho da forca, respondeu Nasrudin calmamente.

– Não acreditamos em você!

– Muito bem, se estiver mentindo, enforquem-me!

– Mas se o enforcarmos por mentir, faremos com que aquilo que disse seja verdade!

– Isso mesmo. Agora sabem o que é a verdade: a sua verdade!"

# Venha Cá... Eu Te Conheço?

∙∙∙∙∙∙∙∙∙∙∙∙∙∙∙∙∙∙∙∙∙∙∙∙∙∙∙∙∙∙∙∙∙∙∙∙∙∙∙∙∙∙∙∙∙∙∙∙∙∙∙∙∙∙∙

Stephen Denning conta que, tendo buscado os contadores de histórias para aprender suas técnicas, foi recebido com muita desconfiança por eles.

Os contadores não compreendiam por que ele "pretendia tomar emprestada a linguagem mágica da narrativa para conseguir o que um memorando rápido e simplório com as palavras 'cumpra-se ou rua' resolveria com eficácia".[27] Ele explicita o que acredita ter sido a causa da pouca receptividade: "O fato de não ter ingressado de joelhos neste mundo, com uma postura respeitosamente submissa para beber das milenares fontes de sabedoria (...). Dei a entender que poderia ser saudável afastar as cortinas e abrir as janelas para deixar entrar um pouco de luz e de ar fresco nessas velhas e empoeiradas tradições. Para o mundo da arte de contar histórias essa era uma heresia da pior espécie. A sugestão de que o velho mundo da narrativa pudesse, na verdade, aprender alguma coisa com as organizações era absurda e horrorizante."[28]

É o mesmo Denning quem mostra o que se pensava na outra ponta da corda. Ele diz: "Os defensores dos métodos tradicionais de gestão continuavam a desqualificar as histórias que eu contava e que, segundo eles, contaminavam o mundo da razão com o veneno das emoções e dos sentimentos, o que arrastaria a sociedade de volta à Idade das Trevas".[29] Certamente a rejeição teria sido ainda maior se o contador não fosse Denning, um reconhecido consultor do Banco Mundial, e se, além disso, as histórias contadas fossem as tradicionais.

Em 2007, outra situação, esta no Brasil, levantou a poeira sobre essa questão. Um participante do *e-group* Roda de Histórias ou Cultura Infância, não me lembro bem, divulgou na rede com a melhor das intenções a *8ª Annual Organizational Storytelling Workshop* em

Washington, D.C., e anexou alguns trechos de uma entrevista concedida por Stephen Denning a Seth Kahan, sobre narrativas organizacionais. Um desses trechos, em especial, caiu como uma bomba entre os contadores de histórias. Neste, o entrevistado explica que tem um foco em narrativas utilitárias voltadas para a liderança, e que há uma forte razão financeira para isto, pois, para as empresas, num mundo em profunda, rápida e generalizada mudança, é difícil pensar em algo que possa ter maior e mais imediato impacto sobre a turma do chão de fábrica (*bottom line*) do que uma boa capacidade para comunicar as difíceis mudanças de forma convincente.

Tudo isso parecia demasiadamente pragmático e manipulador aos olhos e ouvidos dos contadores. Para eles, tratava-se de um artifício para causar impacto na turma do chão de fábrica através da capacidade de comunicar bem e "ser convincente".

A reação dos participantes do *e-group* foi imediata. Um caso de linchamento em rede, que durou vários dias.

Essa pessoa ousara "profanar" algo de muito sagrado: "a palavra do contador de histórias". A ideia parecia ser a de que o profano capitalismo, que de tudo se apropria descaradamente para colocar à venda em suas quermesses, agora aliciava os contadores de histórias para que, com sua palavra encantada, subjugassem os empregados das empresas ao desejo voraz e insaciável que estas demonstram por lucros cada vez maiores.

Por trás dessa forte manifestação, o que parecia estar em jogo era a polaridade "sagrado-profano", traduzindo duas visões de mundo "aparentemente" incompatíveis e que poderiam ser representadas também pela tensão "ser e ter". Igualmente, poderíamos dizer tratar-se de duas "palavras" (ou dois discursos) com finalidades muito diversas – a dos contadores e a do *storytelling*.

Como em um campo de batalha perfilavam-se dois exércitos, armas em punho e bala na agulha. De um lado, os contadores de histórias, representantes do sagrado, no lado oposto, os gerentes do *storytelling*; representantes do profano.

Habituamo-nos às guerras. Estamos sempre prontos a começá-las. E continuamos a fazê-las sem ao menos saber como começaram e por quê. "Sagrado e Profano", representando dois termos em litígio, como tantos outros, não estariam gerando mais uma guerra? Como se encarnassem "Deus e o diabo"?

Mas quem se interessa?

## UMA GOTA DE MEL

*Numa aldeia distante daqui, um homem abriu um pequeno mercado. Ele não ganhava muito, mas, naquele tempo, não era preciso uma tonelada de dinheiro para se viver dignamente.*

*Numa bela manhã, a porta do mercadinho abriu-se diante do primeiro cliente do dia. Era o camponês da aldeia vizinha, segurando, numa de suas mãos, seu grande bastão de pastor e seguido pelo seu cão enorme.*

*– Bom-dia, meu amigo, disse gentilmente. Eu preciso de um pouco de mel.*

*O mercador, muito afável, respondeu:*

*– Bom-dia, senhor camponês. Seja bem-vindo! Que belo cão o senhor tem, hein? Mel é o que o senhor pediu. Eu o tenho da melhor qualidade. O senhor trouxe o pote? Que quantidade deseja?*

*– Dê-me duas conchas! Então o senhor acha bonito meu cão... É verdade, e ele é o ser que mais amo no mundo. Meu fiel companheiro é muito inteligente... Precisa vê-lo no trabalho!*

*Concordando com gestos de cabeça, o mercador mergulhou a concha no tonel de mel e começou a colocar no pote do camponês a quantidade que pedira.*

*Enquanto fazia isso, uma gota de mel, tendo transbordado da concha, escorreu até o chão.*

*No mesmo instante... Dzzzzz... Uma mosca, que apareceu ninguém sabe de onde, voou direto sobre a gota de mel.*

*O gato do mercador, que fingia cochilar num canto, mas estava atento a tudo que se passava, observou a manobra da mosca. De um salto e num piscar de olhos, esmagou a mosca com um só golpe da pata.*

*Até então, o cão fingia ignorar a presença do gato. Porém, irritado pelo gesto inesperado de seu inimigo hereditário, saltou-lhe em cima.*

*Latidos coléricos, miados estridentes, mordidas e arranhões...*

*Antes que os homens tivessem tempo de fazer qualquer gesto, o corpo do gato caiu duro aos pés de seu dono.*

– Oh! Esse bruto! Sujo cão! O que fez com meu gatinho?!!!

E, cego de raiva, o mercador passou a mão no que estava mais próximo e atirou na cabeça do cão.

– Tome isso e mais isso e mais isso!

O cão não precisou de mais para cair duro ao lado de sua vítima.

– Selvagem! Assassino! Oh, meu Deus! Ele massacrou meu cão... Meu único amigo! Meu ganha-pão! Que vou fazer agora? Maldito, você e os seus!

E o camponês pegou seu bastão e avançou sobre o mercador. Louco de raiva e tristeza, bateu nele com tanta força e tanto, que, não demorou muito, o mercador caiu morto, ao lado do cão.

– Socorro, um assassino!

De uma rua à outra, a notícia da morte brutal do mercador espalhou-se na aldeia, como pólvora.

– Massacraram nosso mercador... Corram todos. Peguem o assassino!

As lágrimas misturavam-se com os gritos de raiva e vingança.

Ninguém podia imaginar que cabia tanta gente naquela aldeia. Homens, mulheres e crianças corriam de todos os lados. Pais, filhos, irmãos, tios, primos, primas, sogro, sogra, padrinhos e amigos do mercador agarraram o camponês e devolveram seu feito na mesma moeda.

– Bruto, assassino, selvagem! Onde já se viu isso? Você veio fazer compras ou matar as pessoas na sua própria casa?

Bateram tanto, que logo estava o corpo do camponês estendido ao lado do mercador, que estava ao lado do cão, que estava ao lado do gato, que estava ao lado da mosca.

Na aldeia vizinha, chegou a notícia.

– Corram todos. Vingança! Nosso camponês foi morto... É preciso vingança!

Os habitantes da aldeia do camponês, armados de pedras, paus, machados e tudo mais que encontraram por perto, uns a pé, outros a cavalo, quem ia a pé tinha os pés descalços, quem ia a cavalo tinha camisa de festa, atacaram a aldeia inimiga...

*– É impressionante! São um bando de loucos! Você vai fazer suas compras, deixa seu dinheiro com eles, e é assim que agradecem? Juntam-se todos e o massacram? Avante todo mundo! Sem piedade para com os covardes! Vamos mostrar com quantos paus se faz uma canoa.*

*A vingança foi terrível... Bateram, mataram, saquearam, incendiaram...*

*Os que sobraram fizeram o mesmo...*

*Logo não havia restado nenhuma das duas aldeias e nenhum de seus habitantes. Apenas cinzas e desolação...*

*Por desgraça, essas duas aldeias, tão próximas uma da outra, pertenciam a dois países diferentes.*

*O rei do primeiro, avisado da destruição de sua aldeia fronteiriça, reuniu, encolerizado, seu Estado Maior Militar e deu a ordem para que lessem a proclamação de guerra em todos os cantos do reino...*

*O rei do outro país não demorou a reagir e tornou pública sua própria proclamação.*

*E foi a guerra... Uma guerra terrível e sangrenta...*

*Os dois países acabaram mergulhados no sangue e nas cinzas... Durante o verão, o inverno, o outono... Anos e anos...*

*Os campos de trigo transformaram-se em campos de batalha. As fazendas foram devastadas.*

*A guerra fazia mais e mais raiva e trazia mais e mais fome.*

*Os que sobreviveram, por milagre, ainda se perguntam como e por que tudo isso começou.*

## Notas

[27] Denning, 2006, Introdução.
[28] Denning, 2006, Introdução.
[29] Denning, 2006, Introdução.

## *O Anúncio*

Um dia, na praça do mercado, Nasrudin pôs-se de pé e disse para a multidão:

– Ó povo! Querem o conhecimento sem dificuldade, a verdade sem falsidade, a vitória sem esforços, o progresso sem sacrifício?

Logo juntou-se uma grande quantidade de gente, que gritava:

– Sim, sim, queremos!

– Excelente! – disse o mulá. Só queria saber. Podem estar seguros de que se algum dia descobrir algo semelhante, os farei saber.

# UMA VELA A DEUS, OUTRA AO DIABO

O estudo da polaridade "sagrado e profano" interessa a quem busca conhecer as dimensões possíveis da existência humana.

Sagrado e profano indicam duas direções ou tendências da vida, que também podem ser traduzidas como a oposição real/irreal ou pseudorreal.

São, então, duas forças ou polaridades: uma centrífuga, voltada para o externo, afastando o homem do centro e, portanto de sua origem. E outra centrípeta, voltada para o centro, marcando o retorno às origens.

A primeira expressa a multiplicidade e diz respeito à expressão quantitativa, ou seja, o crescimento material e temporal que caracteriza o universo profano, onde a vida se difunde, se dissipa.

Na segunda, se expressa a unidade que caracteriza o universo do sagrado.

O sagrado é o mediador entre o divino e o homem. Ele permite a transcendência realizando a síntese dos contrários, enquanto a razão, ligada à dualidade e à contradição, é mediadora entre o homem e a realidade profana.

Sagrado e profano constituem, pois, duas modalidades de ser no mundo. São duas situações existenciais assumidas pelo homem ao longo da História.

"Se a 'via da razão' permitiu a eclosão do *homo sapiens*, construtor de ferramentas ou de conceitos, a 'via do sagrado' está na origem do *homo religiosus*: aquele que pode conhecer em si mesmo a irrupção de uma visão transcendente e globalizante."[30]

O sagrado vem sendo estudado desde o século XIX pela Sociologia, Etnologia, Fenomenologia, Antropologia Religiosa e História comparada das Religiões. Esses estudos apontam para uma concepção de homem que vai além de seus aspectos apenas físico ou emocional, pois, graças à sua imaginação, o homem pode criar símbolos, como "pontes" entre o céu e a terra. O *homo religiosus* é o homem total ou homem global.[31]

"O ser humano tem como valores sagrados os que dão significado à sua vida e o colocam em sintonia com o universo. O sagrado não é um conceito intelectual, nem uma categoria da religião, embora a religião possa ser uma de suas possíveis traduções."[32]

Os trabalhos de Mircea Eliade e outros vêm confirmar a tese de que o sagrado é um elemento da estrutura da consciência, e não um estágio na história dessa consciência. Nas tradições e filosofias do Oriente e do Ocidente tradicional, longe de serem excludentes, sagrado e profano são polaridades que se complementam harmoniosamente. Periodicamente, e através das festas e dos ritos, o homem dessas sociedades mergulhava no tempo sagrado, um tempo entre os tempos, e dele absorvia a força e a clareza para sua lida no tempo profano.

Fazendo parte da realidade objetiva e definindo uma ordem graças à qual o homem recebe significados, o sagrado dá sentido à existência. É buscando esse sentido, nos próprios atos e nas experiências vividas, que o homem das antigas sociedades ia além das diferenças, para transcender os contrários e compartilhar no grupo social os mesmos valores que o ligavam ao universo por uma rede de correspondências que governavam seu destino.[33]

Nas antigas tradições, o homem é posicionado como um mediador entre Céu e Terra, e sua missão consiste, fundamentalmente, não em substituir ao Demiurgo, mas em manter sua Criação. Ele é considerado um universo em miniatura, ou um "microcosmos", possuindo em si próprio a mesma estrutura organizada do Universo. Assim, está perfeitamente integrado aos cosmos com o qual deve viver em harmonia.

Mircea Eliade dedicou sua pesquisa ao comportamento; às estruturas do pensamento e à lógica simbólica; e ao universo mental do nosso ancestral, remanescente das sociedades tradicionais: o *homo religiosus*.[34]

"A estrutura mental desse homem ancora-se numa representação de mundo em que o sagrado é a referência. Através dele, estabelece-se um certo tipo de relação com o mundo, na qual natureza e sociedade não estão apenas interligadas pelos mais fortes vínculos; mas formam um todo coerente e indistinguível."[35]

"A capacidade de experimentar o simbólico estaria ligada ao exercício do pensamento simbólico.[36] Formando uma grande sociedade da vida, os reinos mineral, vegetal, animal e a própria sociedade estão intrínseca e misteriosamente ligados numa cadeia de relações equânimes e interdependentes, e não há qualquer linha de demarcação entre eles."[37]

Comparando o homem das sociedades tradicionais (*homo religiosus*) ao homem da sociedade moderna (a-religioso), Eliade "não se furta a afirmar que a crise existencial do homem moderno, a-religioso, coloca-o de frente para a velha questão da realidade do mundo e de seu lugar nesse mundo. Em outras palavras, ela o remete à ontologia e, através dela, à busca de um sentido real para a existência. Em suma: 'A crise existencial é religiosa' [não no sentido institucional, mas no sentido de re-ligare] visto que, nos níveis arcaicos de cultura, o *ser* confunde-se com o sagrado, (...) e é a experiência do sagrado que funda o mundo".[38]

A modernidade causou o desaparecimento desse modelo de sociedade, que se organizava em torno das tradições, das crenças, e baseava-se na ideia de que "tudo" sempre fora assim e continuaria sendo, porque a ordem que sustentava o mundo e dirigia o destino das pessoas era imutável e fundamentava-se na tradição.

Uma nova lógica construída sobre a tomada de consciência da corrida irreversível do tempo trouxe o sentido da História para contrapor-se à ideia de imutabilidade, calcada nos mitos da origem como modelo ideal a ser seguido.

A partir de então, a racionalidade científica, de forma autoritária e totalizadora, se impôs a qualquer outra forma de leitura do mundo. Guiado assim, pela razão, o homem moderno deveria desvendar o mundo, desmistificá-lo, desencantá-lo, dessacralizá-lo.

Para obter um mundo próprio, o homem moderno dispensou todos os deuses e adotou um comportamento oposto ao do homem que o precedeu: "O homem moderno, a-religioso assume uma nova situação existencial: reconhece-se como único sujeito e agente da História e rejeita todo apelo à transcendência. (...) ele faz-se por si próprio, e só consegue fazer-se completamente na medida em que se dessacraliza e dessacraliza o mundo. (...) mas o homem profano, a-religioso descende do *homo religiosus* e não pode anular sua própria história (...). Além do mais, todo ser humano é constituído ao mesmo tempo por uma atividade consciente e por experiências irracionais. Ora, os conteúdos e as estruturas do inconsciente apresentam semelhanças surpreendentes com as imagens e figuras mitológicas".[39]

Almejando consolidar-se como Ciência Suprema, a Filosofia da Razão acreditou poder emancipar-se definitivamente do sagrado e do espírito religioso, mas o sagrado continua vivo no mundo moderno.

Para Roger Caillois, o sagrado "sempre foi vivido sob dois modos complementares, um que diz respeito à ordem do mundo, representado no mundo moderno pela figura do Estado da tecnologia, e o outro, ligado à transgressão dos interditos, manifestado no mundo moderno pela ação revolucionária e a abolição dos comportamentos tradicionais em matéria de sexualidade".[40]

"Max Weber colocou em evidencia o processo de racionalização que permite compreender em que sentido as diferentes esferas de atividades modernas são comparáveis a tantos cultos de um deus particular. A racionalidade moderna se caracteriza pelo fato de que ela não reconhece mais o poder englobando toda a realidade, desde então, cada atividade humana se desenvolve segundo suas próprias finalidades e se refere unicamente a si mesma. Assistimos ao reino da arte pela arte [da violência pela violência, do sexo pelo sexo], ou do lucro pelo lucro. Nenhum sentido de transcendência vem unir esses valores que, absolutos em seu mundo e se preservando como 'Deus e o diabo', entram em conflito no conjunto da ação social."[41]

Constatamos que essa ruptura com o mundo tradicional não foi devido a uma mudança imposta do exterior, por exemplo, a aquisição de uma nova técnica, como o ferro ou a invenção da carruagem, ou ainda a descoberta da ciência, porque outros povos integraram essas revoluções técnicas sem para isso conhecerem tal ruptura. Trata-se, portanto, de uma mutação, de uma profunda mudança de mentalidade, devida, à perda de compreensão das funções mítica e iniciática na sociedade humana por parte do Ocidente moderno.[42]

Mas... a História caminha, e tomando o lugar da modernidade vemos irromper no mundo ocidental a pós-modernidade. Alguns autores localizam nas sociedades avançadas o ano 1950 como uma data de referência para essa mudança. No Brasil, demorou mais tempo para chegar, mas chegou.

A Segunda Guerra Mundial deixara um traço de sangue e desalento. Sangue, por ter sido a mais violenta e das mais cruéis desde então, deixando o homem perplexo diante de seus próprios lados sombrios.

Desalento porque, tendo apostado nos avanços da Ciência como o meio seguro para a redenção das misérias humanas e acreditando que tantas descobertas e invenções trariam a cura para todas as doenças, para a fome, para a pobreza, etc. (seria apenas uma questão de tempo, já que, com a Ciência e a Tecnologia, o progresso era inevitável), constatou que, na realidade, a humanidade poderia se autoextinguir com seus avanços.

Terminada a Segunda Guerra Mundial, o mundo se dividiu em dois blocos, representados pela URSS e pelos EUA, cada um apontando para o outro suas armas letais. Com a bomba atômica, o fim da humanidade podia acontecer a qualquer momento. Uma moral hedonista ganha espaço. Com tantas incertezas, parecia melhor aproveitar rapidamente de tudo que a vida podia oferecer.

Cresce ávida uma sociedade de consumo calcada nesses valores e que quer desfrutar de bens e serviços cada vez mais sofisticados. O cotidiano é invadido pela tecnologia eletrônica e a era da informática marca sua consolidação, oferecendo um tratamento computadorizado do conhecimento e da informação. Cresce também a necessidade de comunicar de forma cada vez mais rápida.

A rapidez é valorizada e espalham-se os *fast* por todos os lados. "O desenvolvimento simultâneo do individualismo e da massificação parece inevitável. A pós-modernidade propõe estilos de vida e de filosofias que trazem em si o germe de uma ideia sinistra: o niilismo, o nada, o vazio, a ausência de valores e de sentido para a vida."[43]

As consequências desse modelo são desastrosas e, hoje, o Ocidente que o exportou para todo o mundo faz seu *mea culpa,* constatando que ele não leva além de impasses e falta de rumo. Daí uma profunda recolocação dos valores do Ocidente pelo próprio Ocidente, a fuga para pseudoparaísos orientais, a explosão de uma espiritualidade que busca refúgio em qualquer seita, a recrudescência da violência e do medo nas nossas sociedades.

O homem ocidental, hoje desligado de suas raízes, solitário em sua razão abstrata, tornou-se órfão, e voltado para si mesmo, luta desesperadamente por sua sobrevivência.[44]

O caminho a buscar para se reconectar deve passar pela redescoberta de si-mesmo enquanto ser cósmico, ou seja, transpessoal, e assimilar suas próprias contradições, transcendendo-as.[45]

"A primeira coisa para atingir o estado de homem total ou global, diz Schwarz, é a concentração, isto é, o fato de estar firmemente estabelecido no Ser. É nesse estado que a consciência pode reintegrarse ao ritmo cósmico (...). A reintegração do homem total à consciência cósmica é a finalidade de toda a sua Sabedoria."[46]

No bojo pós-moderno: hedonista, incerto e esvaziado de sentido, reacenderam as velhas questões fundamentais que resumem o enigma da criação do Universo e que, desde o início dos tempos, o homem se coloca: De onde venho? Quem sou? Aonde vou?

Os olhares se voltaram, então, para as antigas sociedades e para as tradições do Oriente em busca de algo que conferisse sentido à existência.

E foi, portanto, por essa necessidade real diante de uma crise existencial que os contadores de histórias fizeram sua entrada na cena contemporânea.

Não é a primeira vez que, com sua palavra renovadora, eles ressurgem "do nada". "Em tempos de grandes transformações, sempre houve pessoas como Homero e Esopo para salvar um patrimônio oral em risco de desaparecimento."[47]

Herdeiros de seus pares ancestrais, eles são os novos guardiões de uma "palavra" vinda da memória dos povos e carregada de uma sabedoria que se ancora em valores sagrados, ou seja, valores que imprimem sentido à existência.

## Notas

[30] Schwarz, s/d. passim: pp. 9-28 e 239-289.
[31] Schwarz, s/d. passim: pp. 9-28 e 239-289.
[32] Tessier, 1991, pp. 65-66.
[33] Tessier, 1991, pp. 65-66; Scwartz, s/d. pp. 263-265 e Eliade, 1965, pp. 27-28.
[34] Schwarz, s/d. passim: pp. 9-28 e 239-289.
[35] Cassirer, 2001, pp.183.
[36] Tessier, 1991, p. 65 citado por Matos, 2005, p. 46.
[37] Matos, 2005, p. 44.
[38] Eliade, 2001, p. 171, citado por Matos, 2005, p. 45.
[39] Eliade, 2001, p. 165, citado Matos, 2005, p. 45.
[40] Caillois, citado por Tessier, 1991, p. 30.
[41] Weber, citado por Tessier, 1991, p. 61.
[42] Schwarz, s/d, passim: pp. 9-28 e 239-289.
[43] Santos, cf., 1986.
[44] Schwarz, s/d passim: pp. 9-28 e 239-289.
[45] Schwarz, s/d passim: pp. 9-28 e 239-289.
[46] Schwarz, s/d passim: pp. 9-28 e 239-289.
[47] La Salle, citado por Matos, 2005, p. 101.

## *Nada a Ver Comigo*

Nasrudin se uniu a uma caravana que avançava pelo deserto. Na primeira noite de viagem, o comboio se deteve nas proximidades de uma pequena cidade. O mulá dirigiu-se ao cameleiro que se encontrava a seu lado e lhe disse:

– Pegue este dinheiro e compre algo para o jantar. Tenho que acender a fogueira para o acampamento.

– Isso não tem nada a ver comigo – respondeu o preguiçoso guia.

Nasrudin então acendeu a fogueira, depois foi à cidade, comprou algumas provisões e retornou ao acampamento. Em sua ausência, o outro homem havia deixado que o fogo se apagasse.

Acenda o fogo – disse o mulá. – Tenho que desossar esta cabra.

– Isso não tem nada a ver comigo – respondeu o outro, cobrindo-se com um cobertor.

Nasrudin reacendeu o fogo e foi preparar a cabra. Quando a carne estava pronta para ser cozida, dirigiu-se novamente ao cameleiro:

– Por favor, vire a carne de vez em quando, pois tenho alguns assuntos a tratar com os outros comerciantes.

– Isso não tem nada a ver comigo – disse o homem mais uma vez.

*(continua)*

Nasrudin pôs a carne sobre o fogo e cozinhou. Logo foi correndo dizer aos outros comerciantes que se juntassem a ele para jantar, de modo que pudessem concluir seus negócios.

Quando os convidados haviam se sentado em volta do fogo e tomado sua parte na carne, chegou para jantar o preguiçoso cameleiro.

– Veja! – se queixou. – Não sobrou nada da cabra!

– Isso não tem nada a ver comigo – disse Nasrudin.

• • • • • • • • • • • • • • • • • • • • • • • • • • • • • • • • • • • • • • • • • • • • •

# A Praga dos Chineses

Certa vez, conversando com um amigo sobre as pérolas de Lao Tsé, ele contou-me que, se um chinês quer ofender gravemente uma pessoa, ele lhe diz: "Que você viva em uma época interessante".

Por que uma época interessante pode ser uma ofensa? Quis saber.

Porque em uma época interessante tudo está de pernas para o ar e ninguém sabe aonde vai dar. É o desespero, disse-me. Completei com a máxima: "Depois da tempestade sempre vem a bonança". É, mas ainda não chegamos lá, finalizou ele.

As empresas estão vivendo uma época muito interessante. Até um tempo atrás, as coisas pareciam bem colocadas e em perfeito equilíbrio. Sabia-se tudo.

Hoje não se sabe mais nada. É como se toda a humanidade, ao mesmo tempo, tivesse levado "caldo" de uma onda gigantesca. E zonza, ao se colocar de pé, não é capaz de apontar para onde está o norte.

D. Christian, descrevendo a situação do mundo de hoje, diz que vivemos uma época desbussolada, em busca de mudanças para mantermo-nos de pé. Uma época crivada de situações catastróficas, do desmoronamento rápido de todas as referências e da perda de sentido. (...) Nesse contexto, o mundo dos negócios é hoje um mundo no qual a competência é aferida pela capacidade de liderar interagindo com as mudanças, onde se aprende a desfazer aquilo que está feito e começar novamente, pois estar em vantagem não significa permanecer em vantagem.[48]

Keynes, em 1930, lembra D. Christian, se perguntava sobre o que aconteceria quando a sociedade produzisse tantos bens que se pudesse imaginar o problema econômico solucionado: "A humanidade estará, então, privada de sua finalidade tradicional... e se verá impulsionada a repudiar os hábitos e os instintos assimilados a gerações e gerações. Para falar a língua que faz furor hoje em dia, não deveríamos esperar cair numa depressão nervosa universal?"[49]

Keynes não poderia imaginar a quantidade de bens que seriam produzidos com o desenvolvimento global. No entanto, pelo menos até agora, isso não significou a solução da fome, das doenças, da errância, por todos os cantos do planeta. Muito pelo contrário, assistimos impotentes a horrores devido à pobreza extrema de povos na África, na América Latina, na Ásia.

No frigir dos ovos, podemos nos perguntar: O problema que temos é mesmo econômico? Parece que não, mas isso não freou a produção frenética de bens de consumo, tantas vezes com um alto custo para o planeta e para os humanos. Keynes não poderia supor que teríamos no século XXI um problema com os excessos.[50]

Resumo da ópera: estamos enrolados. As questões são muito mais complexas do que se podia imaginar, e não é possível resolvê-las pelos antigos "métodos de resolução de problemas".

Assim é que, "tardaram, mas não faltaram", os contadores de histórias começaram a chamar atenção também no mundo das organizações. Sua velha arte vinha se expandindo como uma mancha de óleo desde os anos 1970.

Sua palavra metafórica, simbólica, ficcional, por fim, inspirava esse universo organizado em torno da precisão, do rigor, da clareza, análise, abstrações, transparência e limpidez, ou seja, firmemente ancorado numa realidade hiperconcreta.

## Notas

[48] Christian, 1999, p.51.
[49] Keynes, citado por Christian, 1999, p. 28.
[50] Keynes, citado por Christian, 1999, p. 28.

### *Matéria Para Comer e Material Para Ler*

Nasrudin levava para casa um pouco de fígado recém-comprado. Na outra mão tinha uma receita de pastel de fígado que lhe havia dado um amigo.

De repente, um urubu se arremeteu e pegou o fígado de sua mão.

– Tolo! – gritou Nasrudin. – Você pode ter levado a carne, mas a receita continua comigo.

# CONTADORES DE HISTÓRIAS: O RETORNO

Fenômeno próprio da modernidade, o individual ocupou o lugar do coletivo, e a experiência comunicável como faculdade de troca começou a se perder. "É como se uma faculdade que nos parecia inalienável, a mais garantida entre as coisas seguras, nos fosse retirada, ou seja: a de trocar experiências."[51]

A velha fonte da experiência coletiva se esvaziara. A experiência, "se transmite de boca a boca (...) e nunca as experiências adquiridas foram tão radicalmente desmentidas como a experiência estratégica da guerra de posição, a experiência econômica pela inflação, a experiência corporal pela provação da fome, a experiência moral pelas manobras dos governantes".[52]

Diante desse quadro, Benjamim profetizou a morte do narrador. No entanto, se agonizou, não morreu e ressurgiu no cenário contemporâneo. Disse Ricoeur:

"Talvez, apesar de tudo, seja necessário confiar (...) e acreditar que novas formas narrativas, que nós não sabemos ainda nomear, já estejam a ponto de nascer e atestarão que a função narrativa pode se metamorfosear, mas não pode morrer, porque nós não temos nenhuma ideia do que seria uma cultura em que não se soubesse mais o que significa contar."[53]

A profecia de Ricoeur se cumpria, pois enquanto algumas antigas formas narrativas, como os contos tradicionais e os mitos, renasciam, outras estavam a ponto de nascer.

"A emergência da narrativa, do relato", diz Dominique Christian, "é o resultado de diversos movimentos. Ela se inscreve primeiro no contexto geral da crise epistemológica atual que, de forma feliz, mas perturbadora, abandona a cisão entre ciências duras em busca da verdade objetiva, e ciências moles em busca de convicções".[54]

Lynn Smith, em 2001[55], tratando do caráter inédito do fenômeno que transcendia as fronteiras disciplinares e os setores de atividades, observou que, após o movimento literário pós-moderno dos anos 1960 originado nas universidades e que se expandiu numa cultura mais ampla, o pensamento narrativo propagou-se para outros campos: historiadores, juristas, físicos, economistas e psicólogos redescobriram o poder que as histórias têm de constituir uma realidade. A contação de histórias veio, então, rivalizar com o pensamento lógico como meio para compreender a jurisprudência, a geografia, a doença ou a guerra. Para ele, as histórias tornaram-se tão convincentes que se temia que elas pudessem substituir os fatos e argumentos racionais.[56] A essa altura, ele já se referia ao *storytelling*, mas a arte dos contadores chegou bem antes.

Salmon, comentando o movimento de *revival storyteller* nos Estados Unidos, diz que essa arte relegada por tanto tempo às crianças ou às análises literárias conheceu nos EUA um sucesso surpreendente e se impôs a todos os setores da sociedade: políticos, culturais, profissionais, confirmando o que os estudiosos em Ciências Sociais chamavam de "retorno da narrativa" e que depois foi comparada à entrada em uma nova era: a "era narrativa".[57]

Em torno dos anos 1970, os contadores de histórias começaram a aparecer hora aqui, ora ali. Sua estreia se deu na Inglaterra, sintomaticamente a primeira sociedade a industrializar-se e a distanciar-se do mundo tradicional. A partir daí a França, a Espanha, a Alemanha, e também Canadá, Estados Unidos etc. foram igualmente surpreendidos por esse fenômeno urbano que, indiscutivelmente, respondia a uma necessidade profunda de suas sociedades.

Citando uns poucos exemplos de como tudo recomeçou: na Inglaterra, alguns contadores convidavam pequenos grupos de amigos em suas casas, serviam um chá e contavam histórias. Foi este o caso da contadora afegã Amina Shah, radicada em Londres, precursora, ao lado de Idries Shah, do movimento naquele país.

No Canadá, Yashinky, um dos primeiros contadores de histórias contemporâneas daquele país, conta que o início do movimento se deu num pequeno café, onde se reuniam algumas pessoas para contar e ouvir histórias.

Na França, Henri Gougaud, um estudante de letras modernas de Toulouse, apaixonado pelo folclore e compilador de lendas de todo o mundo, foi um precursor, instituindo na rádio TSF quinze minutos diários dedicados aos contos.

No Brasil, os contadores demoraram um pouco mais para chegar, talvez porque na realidade nunca tenham partido, apenas andavam despercebidos por aí, pelos rincões dessa imensidão de terras, mas em meados da década de 1980 já estavam acontecendo de forma tímida, aqui e ali, nos centros urbanos.

Retornaram inicialmente com um repertório infantil contando nas escolas, e na década de 1990 já estavam nos espaços públicos e nos teatros, atraindo cada vez mais o público adulto.

Durante quatro anos, tive a oportunidade de conhecer, na França, contadores de histórias vindos de todos os cantos do planeta, o que contribuiu para que eu conhecesse de perto sua motivação em torno dessa prática e pudesse observar que uma característica recorrente entre eles, independentemente de sua origem, é a enorme vontade de reencantar o mundo com sua "palavra". Convertendo em imagens seus discursos e em poesia os conceitos, pretendiam tornar o mundo contemporâneo habitável para o "Ser".

Em sua grande maioria, engajam-se como agentes responsáveis pela transmissão de um saber, ao qual são sensíveis e "que nos ultrapassa, mas que chegamos a ignorar, a esquecer".[58] Essa transmissão é uma passagem de testemunho.

Dessa maneira, além de divertir, eles cuidam para que a rica experiência dos antepassados com esse "conhecimento" não se apague da memória do homem contemporâneo.[59]

O grande segredo do contador está na perfeita assimilação daquilo que pretende contar. Assimilação no sentido de apropriação. Apropriar-se de uma história é processá-la no interior de si mesmo. É se deixar impregnar de tal forma por ela que todos os sentidos possam ser aguçados e todo o corpo possa naturalmente comunicá-la pelos gestos, expressões faciais e corporais, entonação de voz, ritmo, etc.

A *performance* do contador é resultante natural desse processo de assimilação, que acontece à medida que ele se coloca a serviço das verdades ancestrais transformadas em contos. Ao longo dos dias o conto tradicional tem a virtude de agir como um fermento e um revelador sobre aquele que o carrega dentro de si mesmo.[60]

Existe na fala dos contadores uma constante, que é a sua "total entrega ao conto", com o qual eles desenvolvem uma relação orgânica. E por isso: "Um contador sempre conta uma parte de seu ser."[61] Também é comum dizerem que foram escolhidos pelos contos tanto quanto os escolheram.

"Eu tenho a impressão tanto de escolher os contos como de ser escolhida por eles, de estar a serviço deles" – diz Catherine Zarcate.[62] Para Praline Gay-Para, "O contador pode ler centenas de contos, e ser escolhido por um só, que vai habitá-lo, porque cria com ele um laço íntimo que lhe permite contá-lo."[63]

"Não se conta bem uma história se ela não for verdadeira. Talvez essa seja a prova mais difícil de ultrapassar. Sem dúvida, é por isso que um contador não pode contar qualquer história. Por isso, cada um tem seu repertório. Eles só podem contar aquelas histórias nas quais acreditam: quando se trata de histórias vividas, de lembranças, somos carregados por uma espécie de graça, mas quando contamos [apenas] uma fábula ou um conto, arriscamos ser flagrados em delito de mentira."[64]

Quando regressei ao Brasil, iniciei, juntamente com a psicóloga Cecília Caram, o Projeto Noite de Contos em Belo Horizonte.[65] As pessoas estranhavam que nossas apresentações na Sala Juvenal Dias do Palácio das Artes ocorressem às 20 horas. Era comum nos dizerem:

– *Mas esse horário não é tarde para levarmos as crianças?*

Quando explicávamos que era uma apresentação para adultos, elas estranhavam a "excentricidade" da proposta e comentavam:

– *Mas adultos vão gostar dessas historinhas de criança?*

Muitas pessoas iam nos assistir por pura solidariedade e espírito de "amizade incondicional" e acabavam entendendo do que se tratava. No próximo mês, traziam outras pessoas, e a notícia se espalhou como pólvora. Tornou-se o programa mais *cult* da cidade e não se falava em outra coisa.

Na verdade, através da "Noite de Contos", formamos um público ouvinte e leitor de contos de tradição oral que, atualmente, faz a alegria dos livreiros e das pessoas que passaram a explorar esse movimento como um promissor "nicho de mercado".

E o estranhamento inicial não foi apenas do nosso público. Propusemos a uma editora a publicação de coletâneas de contos tradicionais e eles nos olhavam com expressão de grande surpresa diante de tal proposta.

Ainda se publicava muito pouco desses contos no Brasil, o que nos obrigou, a Cecília e a mim, um esforço extra para traduzirmos do francês, inglês e espanhol contos que iríamos utilizar com nossos alunos de formação na arte de contar histórias.[66]

Mas, de todos os estranhamentos, o mais curioso veio de minha própria família. Muitos de meus tios vivem em meio rural ou no interior.

Ter uma sobrinha que ousara ir tão longe, atravessado o Atlântico "só para estudar", era fato da maior relevância na família. É importante notar que os mineiros não costumam sair facilmente das entranhas de suas montanhas.

Portanto, assim que retornei recebi o convite de um de meus tios para um almoço na fazenda. Fui recebida com pompa e cerimônia. O almoço era digno de uma grande autoridade: eu tinha me transformado quase num mito por ter ousado tão grandes distâncias – o que naturalmente apenas se justificaria se tivesse trazido na bagagem algo que de tão precioso fosse capaz de produzir enormes transformações no mundo.

O almoço transcorria solene, quando de repente meu tio perguntou:

– *Então, minha sobrinha, o que foi que você estudou lá nas terras do Mitterand?*

– *Estudei histórias, meu tio.*

– *Histórias? Como assim? História do Brasil ou do mundo?*

– *Não, meu tio, histórias como aquelas que meu avô contava à beira do fogão de lenha.*

Um silêncio pesado caiu sobre a porcelana de festa. Um certo mal-estar se instalou, até que meu tio voltou a perguntar:

– *Mas viver, você vai de quê?*

– *Pretendo trabalhar contando essas histórias.*

– *Mas, e para sua sobrevivência financeira?*

– *Então? Meu tio, vou ganhar a vida contando histórias.*

Novo silêncio e a certeza de que o gasto com o requinte do almoço não se justificava.

Meu tio, então, fez seu derradeiro comentário antes de pedir licença para sua sesta:

– *Seu avô não ficará satisfeito, lá onde está, sabendo que você vai ganhar a vida vendendo sabedoria.*

Baixa a cortina. Cada um, decepcionado a seu modo, mas também dissimulado a seu modo, se retira para seu mundo, sem poder entender como é possível haver pessoa tão destrambelhada na família?

Eles não sabiam o quanto poderiam ter de razão. Sabedoria não é algo que se deveria vender. Talvez a distância voluntária de um mundo completamente mudado tenha feito com que tivessem conservado virtudes e valores um tanto "diferentes". Quanto a mim, isso me desestabilizou um pouco. Meu avô, de quem herdei com gratidão a "palavra contadora", talvez me desaprovasse. Mas o mundo realmente mudara tanto, que eu precisaria vender sabedoria para pagar minhas contas.

## SABEDORIA À VENDA

*Tão estranho e singular é o caso que vou narrar, que pode parecer, aos que ainda não me conhecem, que sou movido pelo desejo de fugir à verdade.*

*E o Cheik-el-Meddah (chefe dos contadores de histórias) começou:*

*– Ao regressar certa tarde de uma excursão ao oásis de Boachir, avistei, no canto deserto de uma rua, um homem de barba preta, modestamente vestido.*

*– É um mendigo – pensei – como bom mulçumano, devo dar-lhe uma esmola.*

*Aproximei-me do desconhecido e, quando ia depositar-lhe na mão a esmola, fui surpreendido por um gesto de recusa:*

*– Obrigado, meu amigo. Não peço esmolas e ainda não cheguei ao extremo de estender a mão à caridade pública. Ganho honestamente a minha vida vendendo sabedoria em forma de conselhos!*

*– Vendendo sabedoria em forma de conselhos? Custa-me acreditar que possa alguém ganhar a vida vendendo uma mercadoria já secularmente desvalorizada! Farias melhor negócio se resolvesse vender areia aos beduínos no deserto!*

Replicou o desconhecido, num tom agressivo e quase insultuoso:

– Agradeço pela sugestão, ó Cheique! Já vejo que gostas de dar conselhos a quem não te pede. Não tenho, porém, o procedimento dos imbecis da tua espécie; não proporciono os meus ensinamentos de graça; procuro, ao contrário, vendê-los sempre por um bom preço. Segue em paz o teu caminho. Se queres prosperar tranquilo, evita as provocações inúteis!

Aquelas palavras trouxeram ao meu espírito a certeza de que o velho era um infeliz demente, um desequilibrado meio divertido.

Resolvi, pois, para dar-lhe a esmola, lançar mão de um pretexto simples e fácil: "comprar" um de seus sábios conselhos.

Disse-lhe então:

– Dou cinco dinares por um sábio conselho. Serve-te o negócio?

– Aceito-o! Convém-me o teu preço. Presta bastante atenção nas minhas palavras. "O meu conselho é o seguinte: Quando vires um, desconfia de três; quando vires três, desconfia de um!"

É profundo demais o teu ensinamento, e não chego a compreendê-lo. Acho-o até bastante obscuro, quase enigmático!

– O sentido de certas palavras só a inteligência viva de quem os ouve pode esclarecer – retorquiu, com azedume, o desconhecido. – Mais vale seguir um bom conselho sem compreender, do que tudo compreender para não seguir! Paga-me os trinta dinares que me deves e deixa-me em paz!

– Trinta dinares! – reclamei surpreso – se os teus conselhos forem tão desarrazoados como os teus preços, coitados dos teus fregueses! Que conta é essa, afinal? Eu prometi apenas cinco dinares!

– Sim – concordou o velho –, combinamos o preço de cinco dinares. Mas já te dei seis conselhos sábios e úteis, e cada um deles no valor de cinco dinares. Vou recordá-los. Primeiro: "Segue em paz o teu caminho". Segundo: "Se queres viver tranquilo, evita provocações". Terceiro: "Presta bastante atenção em minhas palavras". Quarto: "Quando vires um, desconfia de três; quando vires três, desconfia de um". Quinto: "Mais vale seguir um bom conselho sem compreender, do que tudo compreender para não seguir". Sexto e último: "Paga-me os trinta dinares que me deves e deixa-me em paz!" Estás vendo agora que eu tenho razão; são ao todo trinta dinares!

– Isso é uma exploração – protestei, irritado. A tua demência não justifica semelhante extorsão! Já vai longe a audácia. Não pago coisa alguma!

O desconhecido da barba preta, ao notar a firmeza das minhas palavras, insistiu, com voz soturna:

– Queres zelar pela integridade de teus ossos e conservar a tua vida? Espia, então, por cima desse muro.

Trepei numa pedra e olhei para o outro lado do tal muro. Avistei, com surpresa, três homens que pareciam verdadeiros bandidos, armados como os salteadores das estradas, e que dormiam descuidados.

Puxou-me o velho pelo braço e explicou-me, com voz rouca e lenta:

– Esses jovens são meus filhos e meus auxiliares diretos. Cada um deles tem mais de quinze mortes na consciência e de tudo prestarão contas a Allah! A um sinal meu, eles não hesitarão em reduzir a frangalhos quem tiver a audácia de recusar o pagamento dos meus sábios conselhos. Eu, aliás, bem te avisei: "Quando vires um, desconfia de três". Estás vendo, agora, aqueles três latagões decididos? Desconfia de um, que sou eu!

Diante daquela ameaça e do grave perigo em que me achava, não quis discutir com o miserável salteador. Tirei da bolsa trinta dinares e atirei as moedas aos pés do intrujão.

– Agora já são quarenta e não trinta – declarou, com cinismo, o velho. – A tua memória é ingrata. Já esquecestes os dois últimos e maravilhosos conselhos que dei? "Espia, então por cima desse muro!" e "Desconfia de um, que sou eu!"

– Pago – bradei, revoltado. – Pago, seu ladrão.

E desatei a fugir, antes que o sacripanta me oferecesse novos conselhos a peso de ouro.

E o bondoso Cheik-el-Meddah, acenando gravemente com a cabeça, finalizou sua história:

– Depois desse episódio, já se passaram trinta anos. O tempo, porém, não me fará esquecer os sábios conselhos pelos quais sacrifiquei o meu ouro para poupar minha vida: "Segue em paz o teu caminho". "Se queres viver tranquilo, evita as provocações inúteis".

*E ainda mais: "Quando vires um, desconfia de três; quando vires três, desconfia de um".*

*– Paguei bem caro, é verdade, mas isso não impede que hoje eu os dê de graça a todo mundo.*

## O Texto do Contador de Histórias

O conto para os contadores é mais que um texto, é uma "palavra viva", carregada de sementes, de intenção. É uma mensagem ancestral que alimenta o espírito e deve ser transmitida.

Refererindo-se ao conto como uma "palavra", eles estão falando de seu conteúdo e de sua intencionalidade. O conto fala de ética, de valores, do sentido da vida, do mundo e de se estar nele. É portador de uma espiritualidade laica, ou seja, que independe de qualquer dogma religioso.

É considerado a "boa palavra", pelos dogons[67], porque lança mão de todos os recursos estéticos e expressivos da língua para cativar os ouvintes e nutri-los no sentido mais elevado do termo. O caráter enigmático da "palavra do conto" enriquece sua beleza, pois o enigma é um elemento essencial da expressão poética que serve à mensagem divina e, por isso, é investida da força e do poder para criar e transformar, construir e destruir. Bem diferente de uma palavra vazia, estéril.

Em sua grande maioria, os contadores, ao definirem a "palavra dos contos", ressaltam nela uma natureza espiritual, sagrada.

Aparentemente ingênua, simples e encantadora, é poderosa porque sutil. Com ela, pode-se vencer a força bruta da ignorância. Ela cria ou reata laços sociais e de afeto, porque reatualiza na comunidade a experiência da unidade, do destino comum de todos os seres sobre a terra.

Nas antigas sociedades e ainda hoje, o conto tradicional é um instrumento privilegiado para se veicularem códigos de ética e valores, que contribuem na construção de uma sociedade saudável.

A ética é o tear por onde se cruzam os fios da conduta dos membros de uma comunidade. Através das ações destes, criam-se as diversas texturas que darão identidade ao grupo social. Dito de outra forma, para que a vida seja possível numa sociedade, as pessoas devem promover o bem-estar ou o que consideram como tal.

Isso se faz através dos códigos de ética, que exigem a subordinação do indivíduo, que é "a parte" à sociedade, que é "o todo".

As definições de bem podem variar de cultura para cultura, mas, independentemente disso, cada sistema cultural necessita que seus membros trabalhem no sentido de objetivos comuns. O efeito dos códigos de ética é produzir a unidade e a harmonia da conduta humana no interesse do sistema como um todo.[68]

Enfim, o conto é uma "palavra" que fala do "ser", por isso é atemporal. Ele tem sido uma opção para as pessoas que buscam o autoconhecimento considerando a dimensão espiritual.

Num mundo que privilegia o "ter", o conto tradicional pode parecer deslocado, mas é justamente nesse contexto que ele é fundamental para o equilíbrio do homem e da sociedade. Aliás, foi exatamente por essa razão que eles retornaram ao seio das sociedades contemporâneas. Sua força narrativa está em abrir as portas do mistério e do maravilhoso.

À medida que se conhece melhor esse material – "os contos" –, compreende-se o porquê de seu sucesso no mundo contemporâneo. Os estudos com base em premissas, diríamos "científicas", atestam sua eficácia. As organizações começam a perceber sua importância e os motivos pelos quais vale a pena acolhê-los entre suas ferramentas de gestão.

## O CONTADOR DE HISTÓRIAS

*Conta-se que, certa vez, chegou a uma pequena cidade um viajante, que trazia consigo uma valise contendo alguns pertences e uns poucos instrumentos de trabalho, que lhe garantiriam o sustento do dia a dia.*

*Além de artesão, ele era um grande contador de histórias. Sendo assim, instalou-se sem dificuldades naquela comunidade.*

*Durante o dia, trabalhava o barro e com ele produzia objetos magníficos que lhe possibilitavam a sobrevivência. Ao cair da noite, assentava-se sob a árvore secular da praça e contava histórias a todos que tivessem ouvidos disponíveis e almas sedentas para aprenderem com seus personagens.*

À medida que o tempo passava, a audiência aumentava, e aqueles que antes apenas escutavam agora contavam também. Todos iam ficando mais atentos aos próprios sonhos e às coisas que lhes aconteciam no dia a dia, na certeza de que assim teriam também experiências a trocar, em forma de grandes aventuras.

O tempo passou mais ainda, e pouco a pouco foi mudando; assim como ele, as pessoas também foram mudando. Até que chegou o momento em que ninguém mais se interessava pelas histórias contadas sob a generosa árvore da praça.

O jovem homem de outrora era agora um ancião de cabelos brancos e costas arqueadas. Mas sua rotina permanecia a mesma: durante o dia, transformava o barro; ao cair da noite, contava histórias. Só que agora as contava para si mesmo, pois ninguém mais se aproximava dele, todos tinham muito que fazer em seus pequenos mundos particulares. Tempo não se trocava mais por experiências e encantamentos; trocava-se por dinheiro. Assim sendo, ouvir um velho contador de histórias, que falava de aventuras, de ensinamentos milenares, de heróis que venciam dragões com sua inteligência. Ah não! Seria perda de tempo. Além disso, é verdade que as novas lojas da cidade, com suas vitrines tentadoras, faziam sonhar mais do que as histórias do velho.

Chegou então um inverno rigoroso. Numa boca de noite que se anunciava gelada, o velho, na mesma hora de sempre, colocou-se a postos e começou a contar histórias para si mesmo. Ria sozinho, entristecia sozinho e se surpreendia sozinho, com tudo o que contava para si.

As pessoas corriam de um lado para outro sem lhe dar atenção. Foi quando algumas crianças, incomodadas com a situação do velho, aproximaram-se dele e disseram:

– Mas vovô, com tanto frio, por que não volta para casa? Não vê que ninguém mais quer escutar suas histórias? Por que continua contando?

– Antes, respondeu o velho, quando era jovem, eu contava histórias para mudar o mundo; queria torná-lo mais belo. Agora, solitário, eu me conto histórias para que o mundo não me mude.

A seguir, relacionamos dois elementos que constituem os contos tradicionais e que têm grande peso no seu poder transformador: o estímulo ao imaginário e a linguagem metafórica.

Apresentamos também duas teorias que muito contribuem para o esclarecimento desse poder: lateralidade cerebral e resiliência

### ■ Voar no bico de um pelicano

Há muito tempo que as empresas percebem que é necessário aproveitar o capital criativo de seus empregados. Artigos e pesquisas têm demonstrado que empresas criativas – ou seja, aquelas nas quais a todos é permitido o exercício da criação, da reinvenção de métodos, produtos, funcionamentos – têm mais chance de sucesso em um mercado cada vez mais dinâmico, complexo e competitivo. Há ainda, no entanto, uma grande lacuna entre a percepção dessa necessidade e a prática. Como estabelecer uma empresa criativa? O que é necessário para estimular a criatividade?

Uma empresa criativa implica ganho para todos. Ganha a empresa em sua capacidade de se inserir e se estabelecer em um mercado que cada vez mais exige novas respostas diante das necessidades de consumo de clientes, ganha também a pessoa que usa sua faculdade de imaginação para expandir sua capacidade criadora, gera automotivação e satisfação profissional. Em sua relação com o trabalho, o ganho financeiro não é a única recompensa a possibilidade de ser cocriador de algo inspira entusiasmo e o desejo de continuar a criar e a produzir.

### ■ Imaginário/Imaginação

Imaginação é um termo naturalmente associado aos contos tradicionais. Agindo sobre essa faculdade, eles deixam a cada um a liberdade para buscar suas próprias imagens e, com elas, construir o "seu próprio conto".

No *Grand Dictionnaire de la Psychologie Larousse*, encontramos a seguinte definição de imaginação:

"Aptidão a formar e ativar imagens mentais na ausência de qualquer modelo percebido; nesse primeiro sentido, a imaginação confunde-se com a capacidade de combinar as imagens em quadros sucessivos. Geralmente distingue-se imaginação reprodutora, que é a capacidade de reorganizar em uma nova forma os traços mnésicos relativos aos acontecimentos findos, e imaginação criadora, que consiste em uma evolução dos acontecimentos potenciais, mas que jamais foram percebidos pelo sujeito. A atividade imaginária pode se tornar estritamente mental (sonho) ou pode se encarnar em produções concretas (invenções, criações intelectuais ou artísticas)."

A faculdade da imaginação, diz Georges Jean, é fundamental para a construção coerente do ser. E os contos exercem uma função essencial na estimulação dessa faculdade, sem a qual o indivíduo não se desenvolve.[69]

Eliane Stort[70] relaciona seis funções da imaginação:

1. Função objetivadora e libertadora: Suprindo ausências afetivas, trazendo à tona anseios reprimidos e possibilitando o domínio mental dos objetos que produzem angústia, a imaginação possibilita a libertação afetiva por compensação simbólica.

2. Função comunicativa, de autoconhecimento e de conhecimento do mundo: O imaginário possibilita ao homem a comunicação consigo mesmo, uma vez que seus desejos, carências, necessidades, anseios são através dele explicitados. Da mesma forma, o imaginário do outro trará informações sobre os sentimentos, os conhecimentos e sua situação no mundo.

3. Função crítica: O imaginário cria uma distância entre o mundo objetivo e o mundo idealizado, afinando o espírito crítico e fazendo-nos refletir. O autêntico imaginário não nos afasta da realidade, mas a restitui a nós.

4. Função de apoio ao desenvolvimento racional: Quando bem educada, a imaginação favorece a racionalidade, pois se aprende a manipulá-la cada vez com maior habilidade e distância. Stort cita Held quando diz que razão e imaginação constroem-se uma *pela* outra e não uma *contra* a outra.

5. Função motivadora: A imaginação é a responsável pelos sentimentos de interesse, de admiração e de amor do homem pela vida; ela alimenta sonhos e desejos, constringe à resistência, cria a esperança e dá origem à fé.

6. Função criadora: Diante de problemas, a imaginação propõe elementos, pontos de partida capazes de auxiliar a refletir,

dialogar e elaborar, pouco a pouco, as respostas. Ela permite ultrapassar o dado, o agora, o imediato, originando o que não é visível nem existente, mas em que se reconhece, em maior ou menor prazo, o que deveria ser revelado.

Georges Jean diz da imaginação que ela é muito mais do que sonho, onirismo, invenção do ainda inexistente: ela intervém em todos os processos psíquicos e corporais e, antes de mais nada, na linguagem.[71]

A imaginação possibilita a compreensão em vários níveis. Como lembra bem esse autor, Piaget mostrou, em seus estudos sobre a gênese da inteligência infantil, que uma condição necessária ao desenvolvimento das faculdades intelectuais é a representação, que precederia a linguagem verbal. Ter consciência dos objetos ausentes no tempo e no espaço, mas presentes em nossa percepção, é justamente o que nos permite uma tomada de distância da realidade concreta e histórica em que vivemos. Dito de outra forma, estaria aí nossa capacidade de refletir.

A imaginação é, portanto, um elemento indispensável a qualquer atividade intelectual, uma vez que em sua base estaria o processo da reflexão.

Através da imaginação criadora, o indivíduo reorganiza os elementos provenientes de suas experiências passadas, dando-lhes uma nova forma. Jean define assim o termo imaginação, e ao mesmo tempo esclarece sobre o imaginário:

"O termo imaginação designa grosseiramente a faculdade pela qual o homem é capaz de reproduzir – em si mesmo ou projetando fora de si – as imagens armazenadas em sua memória (imaginação dita "reprodutora"), e de criar as imagens novas que se materializam (ou não) nas palavras, nos textos, nos gestos, nos objetos, nas obras, etc. (imaginação criadora). O imaginário seria, então, o termo que designa os domínios, os territórios da imaginação: distinguir-se-ia, por exemplo, o imaginário poético, o imaginário plástico, o imaginário corporal.

(...) O domínio do imaginário e o domínio do compreensível se confundem. Diferentes tipos de raciocínio, a dedução, o raciocínio pela recorrência, por exemplo, exigem que o espírito possa antecipar sobre os resultados possíveis de suas hipóteses. O matemático e o cientista, de alguma forma, avançam por um terreno virgem e constroem ou exploram um real cuja coerência ou incoerência escaparia àquele que não pudesse figurá-la simbolicamente.[72]

A faculdade da imaginação é como um músculo que necessita ser exercitado para fortalecer-se e adquirir tônus; ela precisa ser percebida e experimentada, para que suas fronteiras sejam ampliadas e, consequentemente, sua capacidade de comunicar, criar, motivar, e automotivar.

## A HISTÓRIA DE MIRZA-HAN

*Mirza-Han era um homem muito feliz. Tinha uma bela mulher que se chamava Zainet e a quem muito amava, lindos filhos, uma casa magnífica na cidade de Isfaram e todos os objetos preciosos ou trambolhosos que um homem de seu tempo pudesse desejar.*

*Mas... Porque na história de todas as pessoas sempre pode ter um mas... De repente a felicidade de Mirza-Han desapareceu. Sua amada mulher caiu doente e nenhum médico parecia saber como curá-la. Deus é testemunha de quantos vieram de todos os cantos do mundo para tentar o que já parecia impossível: curar Zainet de sua estranha doença.*

*Um dia, já cansado de chorar, de contratar novos médicos e dar remédios de todas as cores e formas a Zainet, Mirza-Han decidiu procurar uma feiticeira que vivia no alto da montanha. Ele contou a ela em detalhes sua triste situação.*

*– Curar sua esposa é o que há de mais simples, disse a feiticeira, que era uma velha mulher, um pouco gorda, muito alegre e com os olhos muito expressivos. Basta friccioná-la dos pés à cabeça e da cabeça aos pés com água de chuva da lua.*

*Ouvindo isso, Mirza-Han começou a chorar, e chorava tanto que seu corpo tremia como se estivesse levando um choque.*

*A feiticeira, um tanto surpresa, disse:*

*– Se você chora assim diante de uma boa notícia, como deve reagir com uma má notícia?*

*Mizra-Han respondeu:*

– Como poderia me alegrar com a ideia de que o único remédio capaz de curar minha doce Zainet é algo tão impossível de ser encontrado quanto um dente da sabedoria do elefante cor-de-rosa?

– Você diz isso sobre a água de chuva da lua? Replicou a feiticeira estourando numa generosa gargalhada. Mas nada é mais fácil de se conseguir do que água de chuva da lua. Basta embarcar no bico de um pelicano migratório.

Mas vendo que Mirza-Han continuava a chorar ainda mais escandalosamente, a feiticeira se irritou, e começou a bater os pés no chão.

– Ah! Então é isso, gritou ela, sem dúvida você não sabe que os pelicanos migram para a lua nesta época do ano. Ah! Como faz mal a um homem ser tão feliz! Até agora você apenas se ocupou de sua mulher, suas crianças, sua casa, suas quinquilharias, seu pequeno mundinho. Você ignora tudo sobre o mundo à sua volta, com certeza você desconhece o fato de que no outono as andorinhas se mudam para os países quentes e os pelicanos migram para a lua?

Mirza-Han percebeu que na verdade não sabia nada sobre isso, nem mesmo o nome dos pássaros, nem saberia reconhecê-los ou diferenciá-los.

A feiticeira então tomou-o pela mão e conduziu-o ao chefe dos pelicanos migratórios, que nesse exato momento se preparavam para a longa viagem.

O chefe dos pelicanos era um senhor respeitável no tamanho e na arte de guiar seu bando, mas seu bico parecia um pouco desconfortável para uma viagem tão longa, porque, é claro, Mirza-Han teria que acomodar-se no bico do chefe para viajar até a lua. No dia acertado, Mirza-Han despediu-se de sua Zainet, de seus filhos, e apresentou-se diante do bando dos pelicanos, embarcou no bico do chefe e sentiu que já ganhavam as alturas.

O problema é que não encontrava uma posição confortável. Imaginava ser um bebê encolhidinho, mas isso não resolvia muito; de toda forma, não era o momento para reclamar, afinal, Mirza-Han estava fazendo a viajem mais longa que um homem poderia fazer, e só isso já era o bastante para que se sentisse um privilegiado.

Mirza-Han pensava na terra que ia ficando longe, ele se arrependia por ter sido tão pouco atento às suas belezas, por não saber nada sobre a cor das penas dos passarinhos, das pétalas das flores. Ah!

*Quantas coisas ele faria quando voltasse à terra. Claro que iria ter com os crisântemos para saber como frizam suas pétalas e por que as rosas têm espinhos e por que as corujas têm o bico pequeno e por que... e por que... tantas perguntas, tantas coisas que Mirza-Han nunca tinha visto, imaginem, nunca ter conversado com uma árvore?!?*

*Mas enquanto pensava em tudo isto, continuava no bico do pelicano, e a tristeza por perceber o quanto deixara de viver e de conhecer foi desaparecendo, porque um sentimento sempre acaba dando lugar a outro. O tempo parece mais longo no escuro e na solidão.*

*Então, para se distrair, Mirza-Han resolveu contar uma história a si mesmo.*

## ■ Linguagem Metafórica

De acordo com o *Le Petit Robert: Dictionnaire de la Langue Française*, metáfora é "uma figura de linguagem que consiste em empregar um termo concreto em um contexto abstrato por substituição analógica, sem que haja elemento introduzindo formalmente uma comparação".

Uma metáfora coloca em relação dois ou mais segmentos da realidade. Ela é: "O meio pelo qual o menos familiar é assimilado ao mais familiar, o desconhecido ao conhecido".[73]

"A essência de uma metáfora é que ela permite compreender uma coisa (e fazer a experiência) em termos de outra coisa."[74]

A metáfora, para Tolentino, não é uma questão de palavras e nem de linguagem apenas. Seu campo de ação são os processos do pensamento humano. Estes são em grande parte metafóricos, até porque o sistema conceitual humano é estruturado e definido metaforicamente, ou seja, um conceito é compreendido em termos de outro conceito. Exemplo disso é descrever uma situação comercial, por exemplo, utilizando-se um vocabulário de guerra: atacar uma posição, armar uma estratégia, criar uma nova linha de ataque, ganhar terreno, etc.[75]

A estrutura traz coerência a uma experiência ou a uma série de experiências.

Além de estruturar um conceito em função de outro, a metáfora organiza um sistema inteiro de conceitos, uns em relação aos outros. Nesse caso, ela lhes dá uma orientação espacial: alto – baixo;

dentro – fora; atrás – na frente; embaixo – em cima; profundo – superficial – central – periférico. Assim, a felicidade está no alto, a infelicidade, embaixo, por exemplo. "Sinto-me nas nuvens", "ele está pra baixo", etc.[76]

A metáfora faz parte no nosso cotidiano; na linguagem, estão presentes as metáforas, o pensamento e a ação. Nosso sistema conceitual comum, que orienta nosso pensamento e nossas ações, é fundamentalmente metafórico por natureza. Nossa percepção é construída em cima de nossos conceitos, assim como nossas ações e nossas relações com outras pessoas. Nem sempre, entretanto, nós temos plena consciência de nosso sistema conceitual, e agimos e pensamos mais ou menos automaticamente.

"(...) na maioria dos casos, o que está em evidência não é a verdade ou falsidade de uma metáfora, mas as percepções e inferências tiradas dela e as ações sancionadas por ela. Em todos os aspectos da vida, não apenas na política e no amor, nós definimos nossa realidade em termos de metáforas e, então, passamos a agir na base das metáforas. Tiramos inferências, traçamos objetivos, fazemos compromissos e executamos planos, tudo baseado na maneira com que estruturamos nossa experiência, consciente e inconscientemente, através da metáfora."[77]

As metáforas estimulam o ouvinte a dar início, seja consciente, seja inconscientemente, a pesquisas transderivacionais.

A compreensão do conceito de pesquisa transderivacional é fundamental para a boa utilização das metáforas. Ela se refere ao modelo de mundo que cada pessoa estrutura ao longo de sua vida, partindo de suas experiências pessoais e que a levam a determinadas generalizações.

É partindo do nosso modelo de mundo que comparamos e correlacionamos todas as informações sensoriais às quais temos acesso. As que se encaixam em nosso modelo fazem sentido para nós; as outras, não. O processo de procurarmos, em nosso modelo de mundo, os parâmetros, que possam dar sentido a outras experiências é chamado de pesquisa transderivacional. É esse processo justamente que torna as metáforas tão poderosas enquanto agentes de mudança. Quando se conta uma história, o ouvinte inicia uma série de pesquisas transderivacionais, a fim de dar sentido àquilo que ouve, ou seja, que aquilo possa ajudá-lo a expandir seu modelo de mundo e a assimilar os recursos pessoais de que necessita para lidar com suas questões.

## A FORMA DA NEVE

*Nasrudin sentou-se ao lado de um cego.*

*– Nasrudin, disse o cego, diga-me: como é a neve?*

*– Ela é branca, respondeu Nasrudin.*

*– Ah! disse o cego.*

*– Depois de um momento, perguntou:*

*– Mas, como é o branco?*

*– Branco, disse Nasrudin, buscando na memória as imagens, é como o leite.*

*– Ah! disse o cego.*

*E, um momento depois, voltou a perguntar:*

*– E o leite? Como é o leite?*

*– O leite, disse Nasrudin, é como esses pássaros que ficam à margem dos rios, você sabe? os cisnes...*

*– Ah! disse o cego.*

*E, um momento mais tarde, perguntou:*

*– Diga-me Nasrudin, como é o cisne?*

*– Ora, é um grande pássaro de asas enormes, com um pescoço comprido e curvo e um bico assim...*

*Nasrudin alongou o braço e curvou o punho para imitar o cisne. O cego estendeu a mão e, lentamente, apalpou o braço de Nasrudin Então, disse feliz:*

*– Ah, sim! Agora eu vejo como ela é, a neve...*

### ■ Escolha par ou ímpar: A Teoria dos Hemisférios Cerebrais

A teoria dos hemisférios cerebrais esclarece por que os contos podem provocar mudanças.

No século XVIII, já se sabia da existência dos dois hemisférios cerebrais — esquerdo e direito — e da ligação do sistema nervoso em cruzamento, mas só a partir do século XIX as pesquisas nesse domínio avançaram significativamente.

Paul Broca, que desde 1861 desenvolvia estudos em pacientes com lesões cerebrais traumáticas no lado esquerdo da cabeça, demonstrou, em 1864, que o centro da fonação está localizado no hemisfério esquerdo.[78]

Em 1874, Carl Wernicke demonstrou que o hemisfério esquerdo controla também as funções semânticas e sintáticas. Um tipo de afasia (perda da linguagem), que ficou denominada "Afasia de Wernicke", apontava para uma condição em que a fala, embora fluente, não era significativa. Na "Afasia de Broca", o paciente perde a fala; na de Wernicke, permanece a capacidade da fala, mas desaparece a noção de significado.[79]

Porém, desde 1864, o neurologista inglês John Hughlings-Jackson já chamava à atenção para o papel da compreensão do mundo, que estaria localizada no hemisfério direito, possibilitando uma percepção global da realidade. Nessa mesma linha, Wigan afirmava que cada um dos hemisférios forma um todo orgânico e completo: "Todo ser humano nasce como um animal duplo, composto de duas metades completas e perfeitas." Em relação a isso, ele defendia que a educação deveria ter por objetivo concentrar esses dois cérebros num único assunto ao mesmo tempo, pois, sem esforços coordenados e em sintonia, o que ocorre é a falta de harmonia, gerando perturbações mentais.[80]

À medida que avançavam as pesquisas, confirmava-se a distinção entre o hemisfério esquerdo e o direito. **O hemisfério esquerdo** estaria ligado à aptidão científica. Suas especialidades seriam:

- verbal: uso da palavra para designar, descrever, definir;
- analítica: concebe as coisas passo a passo, componente por componente;
- abstrata: seleciona uma pequena parte de informações e a usa para representar o todo;
- temporal: marca o tempo, colocando as coisas em sequência. Faz primeiro o que vem em primeiro lugar; depois, o que vem em segundo etc.;
- racional: tira conclusões baseadas na razão e nos fatos;
- digital: usa números, como no ato de contar coisas;

- lógica: tira conclusões baseadas na lógica. Ex.: teorema matemático;
- linear: pensa em termos de ideias concatenadas, um pensamento após o outro, até a conclusão.

**O hemisfério direito** estaria associado à aptidão artística. Suas especialidades seriam:

- perceptiva: percebe as coisas com um mínimo de conexão com palavras;
- sintética: agrupa as coisas para formar um todo;
- concreta: concebe cada coisa tal como ela é no momento;
- analógica: vê as semelhanças entre as coisas, compreende metáforas;
- não-temporal: não tem senso de tempo;
- não-racional: não se baseia em fatos ou razão, não forma julgamento ou opiniões;
- espacial: vê onde as coisas se situam em relação a outras e como as partes se unem para formar um todo;
- intuitiva: assimila as coisas em instantes, presente, forma imagens visuais;
- holística: apreende as coisas integralmente, de uma só vez, percebe globalmente.

Uma corrente reforçava cada vez mais a supremacia do hemisfério esquerdo cultivado, em oposição ao hemisfério direito monstruoso e primitivo. Em contraposição Hughlings-Jackson e Wigan assinalavam a necessidade do desenvolvimento harmonioso dos dois hemisférios. Um treinamento bilateral não produziria uma mentalidade superior? É justamente sob essa perspectiva que damos um salto até a segunda metade do século XX, onde encontramos Joseph Bogen, que, em 1969, propõe uma compreensão dos hemisférios como complementares.

Segundo ele, o hemisfério esquerdo "proposicional" é complementado por uma mente "aposicional" do lado direito, que processa informações de forma não-linear, sintética, característica da expressão musical e artística. A tendência das sociedades modernas, diz ele, é de dicotomizar a experiência humana (razão *versus* intuição, ciência *versus* arte).

Isso explicaria o fato de existirem dois tipos de raciocínio gerados no cérebro.

Falando da educação, Bogen mostra como se enfatizam no sistema escolar os elementos básicos do raciocínio proposicional, característico do hemisfério esquerdo, em detrimento do aposicional, característico do hemisfério direito.

Bogen sugeriu que fossem incluídas, nos currículos: arte, resolução de problemas espaciais e outras práticas, que teriam por finalidade desenvolver o hemisfério direito.

Apesar desse tipo de abordagem ter sido significativo na década de 1970, uma tendência à dicotomia persistia, mas agora, com uma valorização maior do hemisfério direito.

O hemisfério direito deveria ser exercitado sem as interferências analíticas, intelectuais e parciais de sua contraparte.

Em sua obra de 1987, *J'apprends, donc je suis*, destinada a educadores, Trocmé-Fabre mostra como se realiza o processamento de informação no cérebro e a causa de bloqueios no processo de aprendizagem[81]:

"O hemisfério direito trataria a informação breve, a imagem pobre e/ou de grande dimensão. Ele se encarregaria das operações mais elementares e novas (não familiares). Ele serviria de enquadramento às operações do hemisfério esquerdo, que se encarregaria do tratamento dos detalhes das informações menores, mais complexas, familiares e que exigem um tempo maior de tratamento. (...) A verdadeira relação entre os dois hemisférios é uma relação de complementaridade, e não de oposição".[82]

Num enfoque mais atual sobre o tema, Robert Ornstein fala em "texto" e "contexto" para se referir às especialidades próprias de cada um dos hemisférios cerebrais.[83]

Segundo ele, no hemisfério direito, estariam a capacidade de armazenar muitos significados para uma mesma palavra, a compreensão de metáforas e analogias, e também o significado da entonação da voz, do ritmo, do discurso e das expressões faciais e corporais que usamos para nos comunicar, pois grande parte do nosso discurso é indireto.

No hemisfério direito, está a nossa capacidade de decodificar a informação externa e montá-la num campo de visão, que tornará possível nossa compreensão geral da cena. Isso significa contextualizar. Ornstein define contexto como reunião de fatos:

"É essa reunião de informações sobre quem somos, o que podemos fazer, o que existe ao nosso redor, quem está conosco e o que eles podem fazer e entender que determina nossa compreensão de onde nos encontramos no mundo e na vida. As palavras que pronunciamos, por mais importantes que sejam, são apenas o texto que sinaliza os detalhes da vida. Grande parte das pesquisas recentes sobre linguagem e os dois lados do cérebro revela indícios surpreendentes e importantes de que os dois lados lidam com duas partes muito diferentes do mundo".[84]

O contexto confere significado à linguagem na medida em que organiza a informação para torná-la compreensível. Entender o significado é ter uma perspectiva geral do mundo ao redor e de nosso lugar nesse mundo. Sem esse processo de contextualização, o texto é palavra morta, distante da experiência e da realidade pessoal. O hemisfério direito está, portanto, envolvido na complexa produção literária.

Por sua vez, o hemisfério esquerdo cuida do texto básico, das características convencionais da língua: a escolha de palavras, a sintaxe e o significado literal.

Como podemos ver, os dois hemisférios são necessários aos elementos da linguagem: texto e contexto. Uma excessiva ativação do hemisfério esquerdo pode resultar numa interpretação equivocada da realidade, que seria, nesse caso, vista pelas suas partes isoladas. Por outro lado, ativá-lo adequadamente é contar com a possibilidade de um recurso linguístico mais rico.

De acordo com Marc Muret, em um estudo relatado na revista *Biological Psychiatry*, especialistas americanos, utilizando-se de sugestão hipnótica num grupo de vinte pessoas, observaram que no processo da escuta o hemisfério direito é dominante.[85]

Em outro experimento, em que a atividade cerebral de um grupo de pessoas foi testada em diferentes condições, encontramos a seguinte conclusão:

"Quando o sujeito escuta um conto ou relato de aventuras, o hemisfério direito é dominante. Ao contrário, quando se trata de relacionar quantas vezes determinada palavra aparece em um texto, a dominância é do hemisfério esquerdo. No primeiro caso, trata-se da escuta global de um relato rico em imagens; no segundo caso, da análise pontual e neutra do texto".[86]

Outro trabalho apresentado ao Instituto de Psicanálise de Chicago pelo neurofisiologista K. D. Hoppe (1977), que pesquisava a origem dos distúrbios psicossomáticos, diz o seguinte:

"O hemisfério direito representa normalmente para o aparelho psíquico uma importante via de descarga energética: o sonho, as fantasias, o humor e a arte são funções vitais. Privado dessa saída, o pensamento torna-se puramente operatório: o sujeito não sonha mais que cenas 'reais' (sem trabalho de sonho), ele se torna incapaz de exprimir suas emoções, perde o poder de imaginar e de criar símbolos".[87]

A partir de seus estudos sobre as mudanças dos indivíduos em processos terapêuticos, Paul Watzlawick postula que é o hemisfério direito que está implicado nos processos de mudanças das pessoas. Pois é nele que se forma nossa imagem do mundo. Essa imagem de mundo pode ser considerada como a síntese mais vasta e complexa que o indivíduo pode realizar em relação ao mundo percebido, e ela se forma a partir de suas múltiplas experiências, lembranças e opiniões. *"A linguagem da mudança é uma linguagem de imagens, uma linguagem analógica, metafórica."*[88]

Os grandes pensadores da antiguidade lançaram mão da linguagem de imagens para ensinar. A alegoria da caverna, de Platão, é um exemplo do uso da metáfora como instrumento eficaz para a apreensão do discurso filosófico. Segundo Robert Ornstein:

"O uso da metáfora, surpreendentemente, envolve o hemisfério direito. As metáforas, de forma bastante semelhante à linguagem indireta, ao sarcasmo ou à ironia, transmitem um significado diferente do literal.(...) Sem o hemisfério direito, (...) entende-se o texto, mas não o contexto (...). Entender o significado, seja de uma piada, seja de uma história, é sinônimo de ter uma perspectiva geral sobre o que está acontecendo. (...) Material técnico praticamente não contém imagens (...) As histórias, por outro lado, geram muitas imagens; acontecem muitas coisas ao mesmo tempo. O significado de uma história surge através de estilo, imagens e sentimentos. Por isso as histórias despertam o hemisfério direito".[89]

## A ASTÚCIA DO CAMPONÊS

Era uma vez um camponês que chegou a uma situação deplorável de pobreza.

Um dia, ele chamou sua mulher e disse:

– Tudo o que temos agora é uma única galinha. Se a comermos, nada mais nos restará. Mas, se a prepararmos para dar ao rei, pode ser que ele nos recompense com algumas moedas de ouro.

Sua mulher achou que era uma boa ideia. Preparou a galinha com uma deliciosa receita, arrumou-a numa travessa bem decorada com ervas perfumadas, e, assim, o camponês pôs-se a caminho do palácio. Lá chegando, foi recebido pelo rei e entregou-lhe a oferenda, dizendo:

– Majestade, tudo o que nos resta é esta galinha. Gostaria que a aceitasse.

O rei disse:

– Aceito seu presente, com a condição de que você venha dividi-la conosco.

O rei chamou então sua família, e todos se assentaram à mesa: o rei, a rainha, seus dois filhos e suas duas filhas.

O rei disse ao camponês:

– Como você poderia dividir entre todos nós essa galinha?

– A cabeça, disse o camponês, dou à Vossa Majestade que, sendo o rei, é a cabeça do reino. O pescoço dou à rainha, que dá suporte ao rei. As coxas dou aos dois príncipes, que percorrerão o mundo a serviço do reino. Às duas princesas dou as asas, pois logo se casarão, indo embora da casa paterna. A carcaça, que não significa nada, guardo-a para mim.

O rei admirou muito a astúcia do camponês e, em recompensa, deu-lhe uma bolsa com moedas de ouro.

O camponês voltou feliz para sua casa.

A notícia espalhou-se pela região e chegou aos ouvidos de outro camponês que, ao contrário, era rico e avarento.

Ele chamou sua mulher e disse:

— Se, por uma galinha, o rei deu ao camponês uma bolsa de moedas de ouro, nós, que temos cinco galinhas no nosso poleiro, faremos o mesmo. Você prepara as galinhas com uma boa receita, e eu as levarei ao rei, que nos dará cinco bolsas de moedas de ouro.

Sua mulher assim fez, e o rico camponês pôs-se a caminho do palácio. Lá chegando, disse ao rei:

— Majestade, venho oferecer-lhe estas cinco galinhas, preparadas com a melhor das receitas.

O rei disse:

— Está bem. Aceito seu presente, com a condição de que você as divida entre nós.

O rei chamou sua família, e todos se puseram à mesa.

O camponês rico não contava com isso e viu-se numa situação complicada. Pensou, pensou: "Cinco galinhas para dividir entre sete pessoas... Se dou uma para cada um, faltarão duas... Se parto todas ao meio, terei dez pedaços, e, aí, me sobrarão três partes..." Depois de muito refletir, o camponês não chegou a nenhuma conclusão.

O rei, irritado com a avareza do camponês, guardou as cinco galinhas e expulsou-o do palácio, mas não sem antes mandar que seus soldados lhe dessem uma boa lição.

O rei quis testar a astúcia do camponês pobre e mandou buscá-lo.

— Você poderia dividir entre todos nós estas cinco galinhas?

O camponês respondeu:

— Mas, é claro! Escolha par ou ímpar.

— Ímpar, escolheu o rei.

— Pois bem! Dou uma galinha à Vossa Majestade e à rainha: fazem três; dou uma galinha às duas princesas: fazem três; dou aos dois príncipes mais uma galinha: fazem três; sobram duas galinhas e eu: fazem três.

O rei ficou admirado e disse:

— É correto, mas... e se eu tivesse dito "par"?

— Não haveria problema, respondeu o camponês. A rainha e as duas princesas mais uma galinha fazem quatro; o rei, os dois príncipes e uma galinha fazem quatro; três galinhas e eu fazem quatro.

*O rei, muito satisfeito com a astúcia do camponês, deu-lhe cinco bolsas com moedas de ouro e as cinco galinhas.*

*O camponês pobre ficou rico e viveu o resto dos seus dias feliz ao lado de sua esposa.*

*Quanto ao avarento, ficou pobre e até hoje não compreende por que o camponês pobre teve mais sorte junto ao rei do que ele.*

### ■ Nesta vida ninguém paga meia: Resiliência

A noção de resiliência, bem como outros conceitos e teorias (relatividade e sistemas, por exemplo) partiu do concreto: realidades materiais, físicas e biológicas, para mais tarde chegar ao abstrato: realidades imateriais e espirituais.

Assim, da Física à Psicologia, a noção de resiliência ganhou escopo para, através da analogia, ampliar a compreensão no âmbito do comportamento humano.

Na física, segundo o dicionário Aurélio o termo se define como "a propriedade pela qual a energia armazenada em um corpo deformado é devolvida quando cessa a tensão causadora de uma deformação elástica". No sentido figurado: "resistência ao choque".

E segundo o *Longman Dictionary of Contemporary English* (1995), "Resiliência é a habilidade de uma substância retornar à sua forma original quando a pressão é removida: flexibilidade". (Estamos entendendo flexibilidade como elasticidade.)

Mas não há como comparar resiliência de materiais com resiliência como processo psicológico. As áreas de conhecimento são distintas. O conceito foi constituído segundo modelo físico, e os fenômenos humanos são muito mais complexos. O conceito de deformação, por exemplo, como aplicado na Física, não é compatível em psicologia.

Portanto, quando falamos em resiliência na Psicologia, estamos lançando mão de um recurso metafórico para pensarmos sobre os processos psicológicos, ou seja, usando do método analógico como meio para o conhecimento.

Nas áreas da Psicologia e da Sociologia, podemos ter como definição do termo resiliência:

"A capacidade de uma pessoa para enfrentar a adversidade, de modo não só a resistir-lhe ou a ultrapassá-la com êxito, mas a extrair daí uma maior resistência a condições negativas subsequentes, tornando-se os sujeitos mais complexos e menos vulneráveis em função daquilo em que se modificaram após terem sido submetidos a esse tipo de experiência".[90]

"Uma capacidade universal que permite ao indivíduo, grupo ou comunidade prevenir, minimizar ou ultrapassar as marcas ou efeitos da adversidade".[91]

A resiliência se apresenta de diferentes formas entre diferentes indivíduos em diferentes contextos.[92] Dependendo da percepção que o indivíduo tenha de uma situação, do sentido que dá a ela, e de sua interpretação, ela pode ser vivenciada como perigo e ameaça, o que causa o estresse, ou como desafio.

Estudando personalidades resilientes, Suzanne Kobasa e Kobasa *et al.* apontaram como particularmente resistentes ao estresse as pessoas autoconfiantes, que acreditam ser capazes de fazer o que se propõem, e que se sentem donas de seu destino. Para essas pessoas, as situações de estresse são encaradas como desafios, o que faz com que as adversidades sejam encaradas como oportunidades de crescimento.[93]

Por fim, elas não apenas aceitam, mas também apreciam e assimilam bem as mudanças. Nesse sentido:

"O desenvolvimento da capacidade de resiliência (...) não se deverá sentir a nível do aumento de carapaças, de muros, de grades, de mecanismos de defesa que a tornem insensível, passiva, conformada. Antes deve ir no sentido de torná-la mais forte, mais equilibrada, (...)".[94]

Entre os temas relacionados com a resiliência e que são tratados em sua polaridade, aqui nos interessa abordar *estresse/coping*.

O estresse está relacionado a situações ou condições transitórias da vida, que podem afetar o indivíduo nos âmbitos: social, psicológico ou neuroquímico. Faz parte da vida de todas as pessoas, ou seja, é uma condição natural da existência.

Situações de estresse demandam uma dose extra de energia e a necessidade de se mobilizar outros recursos internos ou externos para que uma adaptação do indivíduo à nova condição seja possível. Dessa forma, o estresse produz uma desestabilização.

A grande diferença entre os indivíduos está na forma como lidam com o estresse. Essa diferença chama-se *coping*.

*Coping* é um termo inglês, sem tradução, e que faz polaridade com o estresse. Estando o estresse relacionado ao polo negativo e o *coping*, ao polo positivo.

O *coping* é o conjunto de esforços cognitivos e comportamentais que o indivíduo mobiliza para lidar com as situações que demandam dele algo além de seus recursos próprios, habituais. Nisso incluem-se: habilidades, estratégias, comportamentos, estilos, respostas ou recursos.

Mas há também outros aspectos, que segundo Coyne e Gottliels, não podem ser desprezados, como as estratégias que a pessoa utiliza antes da situação do estresse e que podem ser decisivas na ocorrência ou não da crise.[95]

Essas estratégias incluem: exclusão de hábitos e comportamentos automáticos e uma visão de mundo capaz de influenciar nos relacionamentos interpessoais que se cultiva antes da situação de estresse.

Outras estratégias de *coping* são: resolução de problemas, apoio social, redefinição da situação, redução da tensão, busca de informação e espiritualidade.[96]

Segundo Werner, "o componente-chave do efetivo *coping* das pessoas que apresentam habilidade de superar as adversidades (resilientes), é o sentimento de confiança que o indivíduo apresenta de que os obstáculos podem ser superados".[97]

As condições de vida na sociedade moderna favorecem situações quase permanentes de estresse em diversas áreas: familiar, afetiva, profissional, financeira e social.

Os últimos acontecimentos na economia mundial são um componente a mais para o aumento do estresse, pois ainda que o indivíduo não seja diretamente afetado pela recessão que se delineia no cenário internacional, o simples bombardeio da mídia reforçando uma perspectiva de desemprego, inflação, dificuldades, já pode ser o bastante para tirar o sono de muita gente.

Diante desse quadro, os avanços nos estudos da resiliência são uma contribuição indispensável para a criação e o incremento de mecanismos de proteção, que possam minimizar a vulnerabilidade dos indivíduos que, inevitavelmente, estão expostos às situações adversas. Além das que, naturalmente, já fazem parte da vida de qualquer pessoa, vêm juntar-se essas que são próprias dos períodos de crise.

Muitos pesquisadores e especialistas que vêm trabalhando nessa direção têm centrado seu foco na busca do entendimento de como a resiliência se constrói no indivíduo e se é possível maximizá-la.

As provas no caminho, quando superadas, mudam o gosto do mundo, porque toda situação extrema, justamente onde é mais ameaçadora, contém em si um potencial de vida. É dessa forma que duras provas podem se transformar em trampolim no processo de evolução do indivíduo. A fragilidade pode se transformar em riqueza interna; a fraqueza, em força e as dificuldades, numa gama de novas possibilidades. Resiliência é, pois, nesse sentido, aprender a viver.[98]

Quanto aos contos, eles descrevem os processos de transformação que permitem passar de um estado anterior de desvalorização a um estado reparado. Eles são uma metáfora da evolução da alma. Tratam da viagem iniciática do herói que atualiza e refaz seu desenvolvimento infantil, preparando-se para o amor e a vida adulta.

O conto expõe desde o início uma situação que parece sem saída e, portanto, necessita reparação. Só uma ação heroica poderá resolver a situação dramática e trazer o renascimento ao reino. Os ensinamentos (provas do caminho) transformam o viajante (herói) de inocente (situação inicial) em experiente (situação final), após ter descoberto as leis da vida.[99]

Os contos tradicionais, pelo fato de ativarem a imaginação, de proporem diferentes possibilidades de visão de mundo, além do aspecto humorístico em muitos deles, podem ser considerados como um recurso eficaz no incremento dos mecanismos de proteção. Eles criam focos de resiliência no psiquismo e, dessa forma, contribuem para o equilíbrio do indivíduo em momentos de crise.

## *LUCUN À LA PISTACHE*

*Na antiga Pérsia, vivia um rei poderoso e magnânimo. Procurava ser justo e era muito bem aconselhado por seu vizir, homem de sua alta confiança e seu braço direito. Não tomava nenhuma decisão sem o parecer do vizir. Os ministros do reino, por inveja, faziam intrigas, boatos e calúnias, mas nada abalava aquela relação.*

*Certo dia, o vizir foi às termas públicas e, enquanto se banhava, percebeu que seu valioso anel se perdera, mas nem teve tempo de ficar abalado com isso, pois o viu novamente... boiando à sua frente!*

*Ficou em silêncio, pensativo. Depois de um tempo, chamou Omar, seu fiel serviçal e disse:*

*– "Caro Omar, reúna todos os meus pertences do palácio, corra à minha casa e peça à minha esposa para fazer o mesmo. Diga a ela e a nossos filhos que deverão se mudar para o reino mais próximo, onde ela tem parentes. Que fiquem lá e que aguardem minhas notícias para retornarem". Assim foi feito.*

*Sete dias se passaram sem que nada acontecesse. Mas no sétimo dia, o rei, encolerizado, entrou no gabinete do seu vizir, esbravejando:*

*– "Seu traidor! Logo você! Nem precisa falar nada, você terá um grande castigo"!*

*O vizir foi levado aos porões do palácio, sendo jogado na cela mais úmida que havia ali... Os meses foram se passando... anos se passaram...*

*Vocês pensam que o que mais martirizava o vizir era a ingratidão do rei ou a falta de sua esposa e dos filhos? Tudo isso era triste... era pesado... mas o que o vizir mais sentia falta era do... lucum à la pistache...*

*Ah! O lucum à la pistache!!! O lucum é um doce meio esverdeado, feito com a semente do pistache, recoberto com o mais fino açúcar encontrado no Oriente, além de outros truques no preparo. Todos os dias, meses a fio, o vizir pedia ao carcereiro que lhe trouxesse, um pedacinho que fosse, do lucum, mas nada! Para completar seu sofrimento, os musgos e o lodo verde que se formavam nas paredes da cela lhe lembravam o lucum. Seu desejo foi ficando insuportável.*

*Até que um dia, sabe-se lá por que motivo, o carcereiro ficou generoso. Trouxe-lhe de presente um bom pedaço do cobiçado doce.*

*Os olhos do vizir brilharam agradecidos. Pegou um pequeno lenço bordado que por acaso ficara em seu bolso, colocou-o à sua frente, e sobre ele o lucum, solenemente. Enquanto olhava para ele com água na boca, preferiu comer primeiramente a horrorosa ração diária que lhe davam. Afinal, aquele néctar dos deuses merecia esperar para ser degustado.*

*Quando, enfim, se preparava para comer o lucum, eis que surgiu de um buraco da cela, uma gigantesca ratazana, que, assus-*

tada, correu em linha reta, colocando uma pata exatamente dentro do doce. Assustada, querendo sair, atolou a outra pata, e presa, cada vez mais, acabou com as quatro patas no lucum. Sob o olhar perplexo do vizir, a ratazana, morrendo de medo, por se imaginar numa armadilha, urinou em cima do doce.

O vizir passou um bom tempo calado, paralisado, pensativo. Por fim, pediu que chamassem Omar, seu fiel empregado:

– "Omar, por favor, providencie que minha mulher e meus filhos retornem do reino vizinho, prepare minha casa na cidade e aguarde notícias minhas"!

O empregado obedeceu. Depois de sete dias, a cela se abriu rapidamente e um rosto perturbado encheu o ambiente: era o rei, que se pôs humildemente de joelhos: — "Meu querido vizir, como fui injusto! Como pude desconsiderar tantos anos de lealdade e dar ouvidos àquela corja de ciumentos! Soube agora que tudo não passou de uma conspiração e todos já foram punidos. Peço-lhe desculpas e que reassuma imediatamente suas funções palacianas. Por favor"!

O vizir, afinal de contas, gostava do rei e, após refletir um pouco, aceitou o pedido.

Houve uma grande cerimônia para comemorar o evento. O vizir fez questão de celebrar, colocando sobre uma mesa muito lucun à la pistache.

No meio da festa, um amigo de muitos anos chamou-o num canto:

– "Mas meu amigo, uma coisa me intriga: quando você caiu em desgraça, parecia tê-la previsto, tomando até providências para resguardar sua família. Quando foi cair em graça novamente, agiu como se soubesse disso! Como é que você sabia o que iria te acontecer?"

Ele olhou para o amigo e disse:

– "Eu tinha uma vida invejável, usufruía do bom e do melhor, era rico e famoso. Quando fui às termas, numa tarde, e o maior símbolo de minha riqueza, aquele pesado anel, após cair do meu dedo, não se perdeu naquele mundo de águas e ainda boiou à minha frente, eu pensei: — Não é possível; cheguei ao topo; daqui não posso subir mais, e pressenti algo!

> Por outro lado, naquela cela, privado de tudo, quando meu maior desejo ia ser concretizado e aconteceu aquele desastre, com a ratazana estragando tudo, pensei que dali não seria possível descer mais, nada poderia ficar pior. Não tive dúvidas de que algo mudaria para melhor em minha vida"!

Assim, por saber interpretar e ter a sensibilidade para sentir o que a vida lhe trazia, o vizir soube se antecipar e se preparar para os acontecimentos.

## Notas

[51] Benjamin, 1983, p. 57, citado por Matos, 2005, p. 97.
[52] Benjamin, 2000, p. 365 citado por Matos, 2005, pp. 99-100.'
[53] Ricoeur, 1984, pp. 57-8, citado por Matos, 2005, p. 99.
[54] Christian, 1999, p. 13.
[55] Smith, citado por Salmon, 2008, p. 10.
[56] Smith, citado por Salmon, 2008, p. 10.
[57] Salmon, 2008, p. 8.
[58] Thiery, 2001, p. 184, citado por Matos, 2005, p. 129.
[59] Thiery, 2001, p. 183, citado por Matos, 2005, p. 129.
[60] Hampâté Bâ, 1994.
[61] Gay-Para, 2001, pp. 119-122, citada por Matos, 2005, p. 128.
[62] Zarcate, 1987, p. 8, citada por Matos, 2005, p. 126.
[63] Gay-Para, 2001, p. 116, citado por Matos, 2005, p. 127.
[64] Abecera, 2001, p. 175, citado por Matos, 2005, p. 127.
[65] Conf.: site: www.convivendo.com.br.
[66] Conf.: site: www.convivendo.com.br.
[67] *Dogons:* povo que habita as falésias de Bandiagara, na África Setentrional, e uma das etnias mais estudadas e descritas pelos etnólogos, antropólogos e linguistas.
[68] White, 1978, p. 26-57.
[69] Jean, 1991, citado por Matos, 2005, p. 25.
[70] Stort, 1993, citado por Matos, 2005, pp. 26-30.
[71] Jean, 1991, citado por Matos, 2005, p. 28.
[72] Jean, 1991, citado por Matos, 2005, p. 28.
[73] Murry, citado por Lakoff e Johnson, 1985, pp. 24-40.
[74] Lakoff, 1980.
[75] Tolentino, 1990, pp. 77-89.
[76] Tolentino, 1990, pp. 77-89.
[77] Lakoff e Johnson, 1980, p. 6 citados por Tolentino, 1990, pp. 77-89.

[78] Para as citações de: Paul Broca; John Hughlings-Jackson, Paul Wernick, Carl Wigan, conf: Marc Muret. Les arts-thérapies. Paris: Retz,1983, pp. 35-40.
[79] Para as citações de: Paul Broca; John Hughlings-Jackson, Paul Wernick, Carl Wigan, conf: Marc Muret. Les arts-thérapies. Paris: Retz, 1983, pp. 35-40.
[80] Para as citações de: Paul Broca; John Hughlings-Jackson, Paul Wernick, Carl Wigan, conf: Marc Muret. Les arts-thérapies. Paris: Retz, 1983, pp. 35-40.
[81] Trocmé-Fabre, 1987, pp. 66-67.
[82] Trocmé-Fabre, 1987, pp. 66-67.
[83] Ornstein, 1998, p. 163.
[84] Ornstein, 1998, p. 163.
[85] Muret, 1983, p. 39.
[86] Muret, 1983, p. 39.
[87] Muret, 1983, p. 43.
[88] Watzlawick, 1980.
[89] Ornstein, 1998, pp. 69-103.
[90] Grotberg, 1995 citado por Ralha-Simões, 2001, p. 96.
[91] Grotberg, 1995 citado por Pereira, 2001, p. 86.
[92] Martineau, 1999, p. 21.
[93] Kobasa, 1970 e Kobasa *et al.*, 1982-83 citada por Pereira, 2001, p. 91.
[94] Tavares, 2001, p. 47.
[95] Coyne e Gottliels, 1996 citado por Yunes e Szymanski, 2001, p. 32.
[96] Stine, Helder & Scheneider, 1998 citado por Pereira, 2001, p. 92.
[97] Werner,1993. Citado por Yunes e Szymanski, 2001, p. 19.
[98] Boris Cyrulnik, 2002, p. 185.
[99] Colette Estin, 1990.

## *O Ritmo da Vida*

– Nasrudin, por que você não anda mais rápido? – disse-lhe seu patrão. – Sempre que lhe peço algo, você faz aos pedaços. Não há necessidade de ir três vezes ao mercado para comprar três ovos.

Nasrudin prometeu mudar.

Um dia, o patrão adoeceu e disse para Nasrudin:

– Chame um médico.

O mulá saiu e voltou com uma porção de gente.

– Senhor, aqui está o doutor e também todos os demais.

– Quem são os demais?

– No caso de o médico prescrever cataplasmas, trouxe a pessoa que os faz, e também seu assistente e aqueles que lhe fornecem os ingredientes, caso venha a necessitar de muitas cataplasmas. O carvoeiro está aqui, para fornecer carvão suficiente para esquentar a água e fazer as cataplasmas. E, caso você morra, temos aqui o empresário responsável pelo serviço funerário.

# PAPO VAI, PAPO VEM

Somos atropelados por uma quantidade infinita de informações que nem temos como reter. Na realidade, nem necessitamos da maioria delas, mas se acreditarmos que nos são indispensáveis, teremos realmente um enorme problema, pois nosso cérebro não funciona como um computador. Em um computador, você armazena num arquivo a informação que irá precisar mais tarde, ou apenas porque gosta de acumular informações, mesmo as que, para você, sejam totalmente inúteis, mas não há problema, pois o computador se presta a isso.

A forma de armazenamento de informações pelos humanos é bem diferente. Os pesquisadores mostram que nosso cérebro armazena, e nós nos lembramos de informações que venham contextualizadas através de imagens, sensações, emoções, ou que façam sentido para nós. Os relatos, diz D. Christian, "são mais facilmente mencionados que outros modos de apresentação (números, por exemplo) e naturalmente são carregados de forte confiabilidade. O que não é estruturado em relato é esquecido e mesmo impensado".

Dificilmente uma informação "fria" pode ser armazenada e, quando acontece, em geral, somos propensos a nos lembrar do primeiro e do último item da lista, ou um item que por algum motivo teve um impacto emocional em nós. De toda maneira, o que nos vem à lembrança vem em forma de fragmentos, às vezes desconectados.

O resto descartamos no "lixo", e provavelmente nunca será recuperado. Isso explica o fato de não retermos informações que nos são transmitidas através de dados estatísticos, apresentações em *Power Point,* planilhas, planos estratégicos, etc.[100]

Nosso cérebro armazena mais facilmente histórias, contos, relatos de experiência, porque, além de evocarem emoções, possibilitam a identificação com os personagens ou com sua trajetória que se desenrola em um cenário. Sua linguagem metafórica e o apelo à imaginação são elementos fundamentais nesse processo.

Isso explica por que os contos tradicionais e as histórias construídas são tão importantes nas empresas. Comunicar algo por meio desses dois tipos de narrativas é muito mais eficaz.

## Contos tradicionais e histórias criadas nas organizações

Como já mostrado acima, os contos tradicionais, estruturados com arquétipos e estimulando a imaginação de forma complexa possibilitam o deslocamento da realidade concreta, factual, sugerindo e encorajando "altos voos" que o imaginário configura como criações de todos os tipos. Dessa forma, eles abrem espaço à inovação, inspirando e estimulando os processos criativos.

Os contos contribuem, enfim, na base da organização para o fortalecimento de valores, apoio em momentos de crise e superação, enfrentamento de riscos, motivação, trabalho em equipe e humanização.

As histórias criadas sistematizam as experiências de sucesso ou de fracasso na construção e no desenvolvimento de projetos, as soluções encontradas diante de obstáculos, e os *insights*, que podem contribuir para outras experiências, inserindo-se assim no contexto da gestão de conhecimento. Contribuem também para a construção da memória organizacional, para avaliação da política e fazeres da empresa, além de serem uma ferramenta que possibilita a externalização de conflitos ocultos que minam a confiança e comprometem a formação de equipes integradas e comprometidas.

Essas histórias estão relacionadas basicamente às experiências do coletivo empresarial e são construídas por este coletivo, diferentemente dos contos tradicionais, que pertencem a todos, ao patrimônio comum da humanidade. Elas servem como exemplos a serem seguidos – como situações desafiadoras foram enfrentadas e soluções encontradas –, são reveladoras de situações negativas que, de forma direta não teriam como ser trabalhadas.

As histórias criadas são inspiradoras, mas de uma forma diferente dos contos tradicionais, pois são focadas em questões factuais.

Importante salientar também a diferença entre escutar e ler um conto ou uma história criada. A escuta produz um sentimento de unidade, que aproxima ouvinte e narrador. A comunicação que se dá através da oralidade pressupõe um corpo falante em presença de um corpo ouvinte, o que amplia enormemente a capacidade comunicativa porque envolve emoção compartilhada. Certa competência na performance da oralidade é, portanto, fundamental, e por isso esse tópico será abordado mais à frente.

## Funções e aplicações

No cotidiano do contexto organizacional, dos corredores à cantina, as histórias circulam boca a boca num ritmo acelerado. A partir do momento em que elas passam a fazer parte do repertório organizacional podem vir à memória, naturalmente, sempre que a situação requer um esclarecimento que de alguma forma pode ser encontrado nelas. E aí elas se tornam presentes em vários momentos, cumprindo diferentes funções e tendo diversas aplicações:

- Nos momentos formativos, abrindo a porta para a apresentação de temáticas as mais diversas.

- Nas reuniões de qualquer natureza, introduzindo e/ou levantando questões e sugerindo cenários que inspiram e motivam as pessoas.

- Na construção sistemática da memória coletiva da organização, quando esta tem a intenção de registrar as experiências importantes que servirão como fonte para futuros aprendizados. As histórias podem, assim, ser armazenadas em diversos suportes e através de diferentes linguagens: blogs, vídeos, relatos impressos, etc.

Enfim, elas têm função e aplicabilidade em todos os momentos nos quais haja intercâmbio de ideias, revisão e avaliação do trabalho, construção de um novo processo ou resolução de um impasse.

Em alguns momentos, os contos tradicionais podem trazer respostas mais adequadas aos objetivos; em outros, o mergulho nas vivências organizacionais, sejam individuais, ou sejam coletivas, é o que deverá gerar as histórias que responderão mais adequadamente às necessidades.

A melhor conselheira na escolha do que seria mais apropriado sempre é a sensibilidade de quem estiver coordenando o processo.

Uma dica para treinar-se nesse quesito é perguntar primeiro a si mesmo: esta história me emociona, me esclarece, me cala fundo quando o tema em questão é esse? Ou seria melhor aquele conto?

De toda maneira, tanto os contos tradicionais quanto as histórias criadas desempenham importantes funções: na base e estrutura das organizações, na construção da memória organizacional e gestão do conhecimento e no incremento das ações.

## Na base e estrutura das organizações

As organizações são um organismo vivo cujo bom funcionamento depende da interligação e da comunicação entre todas as suas partes. Uma visão em comum, o compartilhamento de valores e crenças, a construção de laços de confiança e respeito são essenciais e estão na base da identidade desse organismo. Uma identidade construída de forma sólida contribui para que os esforços de todos tenham sinergia e caminhem numa mesma direção.

### ■ Valores e crenças: transmissão e preservação

Valores e crenças estão relacionados à ética da organização, à forma como ela se posiciona e se compromete com cada um se seus públicos, sejam os próprios funcionários, os clientes ou a comunidade na qual está inserida.

As histórias podem ser contadas para enfatizar ações e comportamentos que condizem com esses valores e crenças, contribuindo, dessa forma, para a assimilação e perpetuação dos mesmos.

"Histórias de impacto contam invariavelmente com personagens que carregam em suas ações muito simbolismo. Alguns desses personagens viram mitos e, ao longo do tempo, suas ações, ao serem recontadas, vão se distanciando da realidade efetiva, pois o que perdura são as lições, valores, dilemas e posicionamentos morais ou éticos desses personagens. No contexto empresarial, isso é visto com frequência à medida que as organizações homenageiam seus fundadores e pioneiros. Estes, em alguns casos, viram 'super-homens'. De fato, não importa mais quem de fato foram esses personagens, mas sim o que eles representam para o inconsciente coletivo da organização."[101]

Ao ouvir uma narrativa que emociona, e mais, se ela refletir os próprios sistemas de valores, o ouvinte, naturalmente, se envolverá com a organização pela identificação que terá com seus valores e crenças. As histórias podem promover essa identificação muito mais rápida e fluidamente do que seria possível com qualquer outro meio de comunicação.

- **Construção ou restabelecimento das relações de confiança**

Há duas formas de trabalhar as relações de confiança através das histórias.

Primeira: o ato de contar e ouvir histórias cria e fortalece vínculos. Quando alguém conta uma história a outra ou outras pessoas, estabelece-se entre elas um elo de intimidade, um sentimento de coletivo, de pertencimento, através do partilhar de enredos e emoções significativas. As histórias cruzam as fronteiras da razão e se enraízam entre aqueles que as compartilham, criando laços de afeto e cumplicidade que reafirmam suas jornadas e desafios em comum.

Segunda: há histórias específicas recomendas para os momentos em que as relações de confiança estão esgarçadas, tanto nas vivências coletivas quanto nas individuais. Esses momentos são aqueles em que, por razões diversas, o profissional fraqueja em relação ao próprio potencial e capacidade para enfrentar riscos e crises. Nesses casos, os contos tradicionais são capazes de comunicar tanto ao coletivo quanto ao indivíduo, separadamente, que não importa o tamanho dos equívocos cometidos ou dos desafios. A paciência, criatividade, astúcia são virtudes que podem ser desenvolvidas e nesses momentos lembradas e convocadas para ajudarem a esclarecer e a reverter situações.

Essas mesmas histórias contribuem de modo geral para a integração e o fortalecimento das relações pessoais no trabalho.

# Na construção da memória organizacional e gestão do conhecimento

O fluxo de informações com o qual as organizações são obrigadas a lidar é cada vez maior e seus conteúdos cada vez mais complexos. O que requer a utilização de diferentes formas de acesso e armazenagem desses conteúdos.

Saber como fazer já não é mais suficiente. Várias outras demandas se impõem: saber comunicar, saber relacionar-se, compreender as dinâmicas sociais internas e externas, além de uma série de outras questões contemporâneas.

### ■ Acesso à Cultura e à Política Organizacional

"As histórias nos permitem estudar a política organizacional, cultura e mudança de forma esclarecedora, revelando como as questões organizacionais são vistas, comentadas e trabalhadas pelos seus membros."[102]

Conhecer a organização sob cada um de seus ângulos é um passo importante e indispensável para a gestão do conhecimento, pois a forma como a organização lida com suas questões influencia na forma como o conhecimento é produzido e transmitido.

Amplos estudos da função de histórias em ambiente organizacional indicam que elas são poderosas em responder a perguntas, tais como: Que tipo de organização é a nossa? Que tipo de pessoas a interessam atrair e manter? Quais são nossos objetivos e finalidade? Quais eventos passados nos deixaram orgulhosos? O que devemos fazer no futuro?

A pesquisa empírica revela que algumas semelhanças em relação ao conteúdo das histórias podem ser observadas em diversas organizações, o que coloca em xeque a "alegação de singularidade" da maioria das organizações.

Entre os elementos comuns que Martin et al identificaram nas histórias organizacionais, estão: Pode o mais subalterno subir ao topo? Será que vou ser despedido? Será que a organização me ajudará se eu tiver que mudar? Como o chefe irá reagir diante de meus erros? Como a organização lida com obstáculos?"[103]

### ■ Compartilhamento de conhecimentos e estabelecimento de redes de aprendizagem

Além de inúmeras possibilidades e fontes de conhecimento e aprendizagem – internet, livros, processos formativos as, organizações se deparam com os saberes que, advindos de experiências com as situações cotidianas, às vezes requerendo soluções rápidas e inovadoras, são produzidos internamente.

Normalmente, algumas poucas histórias de maior impacto, repetidas reiteradas vezes em processos formativos ou em reuniões informais, marcam a memória organizacional. Essas podem transformar-se em estudos de casos, até porque, ao redor delas, costuma haver uma considerável teia constituída por várias outras narrativas, cujos conteúdos podem igualmente servir ao processo de construção do conhecimento na organização.

Tais histórias possuem o peso da legitimidade conferido pela experiência próxima. Quem descobriu uma boa estratégia de venda, solucionou um impasse no processo produtivo, desenhou a visão da organização a partir de determinados pressupostos partilha o mesmo espaço de trabalho. Esse é um fator de motivação, pois mostra que a criação, a transformação, a superação não são possibilidades inalcançáveis.

## No incremento das ações

Inícios de processos, desenvolvimento de novos produtos ou estratégias, por exemplo, são situações desafiadoras enfrentadas cotidianamente pelas empresas. Todas elas exigem um *quantum* a mais de energia, motivação, imaginação e inspiração. Tanto os contos tradicionais quanto as histórias criadas podem contribuir como portadores desse *quantum* a mais. O que vai definir a utilização de uma ou outra é, como já dissemos acima, a sensibilidade dos gestores e líderes organizacionais. Eles devem recorrer não somente à razão, mas, sobretudo, à intuição, a um *insight* sobre os cenários e as narrativas mais adequadas a eles. Como a escolha das cores para completar uma determinada paisagem que se pinta.

Em tais situações, as histórias criadas ou contos tradicionais podem contribuir para:

■ **Operacionalização de ideias teóricas**

As narrativas, sejam elas contos tradicionais ou histórias criadas, são eficazes na concretização de ideias, e podem inspirar e mobilizar aqueles que se envolvem com elas. Esse envolvimento, que tão facilmente elas podem provocar, ajuda na definição de objetivos e metas de um projeto e, também, na execução dos passos necessários à sua realização.

Quando bem escolhidas, elas são capazes de mobilizar o imaginário e o corpo para a realização de ações, e isso se deve a alguns fatores da maior importância. Primeiro, à sua capacidade de mobilizar emoções e criar vínculos; depois, porque contribuem para uma visão de conjunto, pois, através de sua linguagem, congregam o abstrato às situações concretas, criando pontes entre o conceitual e o real.

- **Exercício da imaginação**

As histórias são eventos do território do imaginário. Mesmo quando partem de fatos reais, como é o caso das histórias criadas e sobretudo no momento em que são contadas, elas serão inevitavelmente reconstruídas em imagens por aqueles que as recebem. Esse processo envolve a criação e o acesso a conteúdos internos, permitindo a experimentação do ato criador, assim como a conexão com emoções e significações próprias.

Esse percurso – ouvir, recriar internamente, significar, mobilizar emoções – alarga as fronteiras da própria imaginação, base dos processos criativos. Além disso, as soluções e as saídas encontradas pelos personagens das histórias, sejam esses princesas ou gerentes de contas de um banco, integram-se ao repertório de possibilidades daqueles que as ouvem.

Ora, a criatividade é uma combinação de repertório (capital cultural), capacidade de extrapolar os próprios limites (imaginação), preparo, tentativas e erros e talento. Criar um campo fértil para cada um desses elementos amplia e potencializa as possibilidades de sucesso de qualquer organização.

- **Enfrentamento e promoção de mudanças**

As histórias vêm sendo usadas no contexto de equipes, e mesmo organizações como um todo, quando a questão são as mudanças profundas, as formas de encarar desafios ou a necessidade de lidar com situações complexas.

Como os indivíduos, as organizações são produtos de suas histórias. Elas ajudam a dar estabilidade e propósito aos departamentos isoladamente e à organização como um todo. No entanto, em momentos de turbulência, em momentos *downsizing*, a tendência é que circulem histórias de medo, desesperança, instabilidade, configurando um quadro extremamente negativo, causando alienação, depressão e estresse nos empregados. Qualquer um pode se perder nesse quadro e contaminar os demais de forma involuntária.[104]

Frequentemente, a gestão nega ou reprime essas histórias, não abrindo oportunidade para que sejam narradas.[105] Tal atitude agrava o problema e perde-se, assim, uma oportunidade de se construir no coletivo outras histórias, uma contra-narrativa, que pode mudar a tendência negativa.

Em tais situações, as histórias podem contribuir para fortalecer os indivíduos, para oxigenar as relações e, por fim, para oferecer novos horizontes a cada um, assim como a organização como um todo. Podem permitir, ainda, diferentes visões dos acontecimentos em curso, construindo dessa forma um cenário mais amplo, com mais informações que ajudem todos a melhor lidar com situações de mudança.

■ **Enfrentamento de riscos**

Um dos maiores paradigmas da gestão contemporânea é a necessidade de enfrentar riscos. Diante da velocidade das mudanças, não há garantia de respostas seguras, pelo menos não que se sustentem por muito tempo. As histórias são capazes de nos mostrar que pode não haver outro modo de atingir o sucesso, é preciso arriscar e experimentar o novo, mesmo que no entremeio seja necessário enfrentar o medo, o incerto e algumas intempéries.

Há uma história que circula por entre e-mails e listas virtuais que ilustra bem essa possibilidade:

## *A VACA FOI PARA O BREJO*

*Um velho monge e seu discípulo costumavam visitar as pessoas que moravam em vilarejos distantes da cidade. Num dos seus passeios, já estava anoitecendo e eles ainda estavam no meio de uma estrada, distantes do vilarejo para onde se dirigiam. Avistaram um sítio, aproximaram-se e pediram pousada durante aquela noite.*

*O sítio era muito simples. Ali, viviam um casal de aparência humilde e seus três filhos, pequenos, raquíticos. A pobreza do lugar era visível e, mesmo assim, eles acolheram, de bom grado, a dupla de viajantes.*

*Durante o jantar, em que fora servido mingau de leite com farinha, o mestre indagou: "– Neste lugar não há sinais de comércio ou de algum trabalho. Também não vimos nenhuma plantação. Como vocês sobrevivem aqui?"*

*O dono da casa respondeu: "– Meu amigo, nós temos uma milagrosa vaquinha, que nos dá vários litros de leite todos os dias. Uma parte desse leite nós vendemos ou trocamos na cidade, por outros alimentos ou coisas de que necessitamos. Outra parte fazemos queijo, coalhada, pirão e, assim, vamos sobrevivendo. Não sabemos plantar, também acho que essa terra não dá nada e tudo aqui é muito difícil. Ai de nós se perdemos a nossa vaquinha!"*

*De madrugada, os dois receberam um copo de leite quente. Em seguida, agradeceram a hospitalidade e foram embora. Assim que saíram do sítio, o mestre ordenou ao discípulo que ele pegasse a vaca e a atirasse num precipício. O jovem, surpreso, não só se chateou como ficou revoltado com a atitude desumana do seu mestre: "– Como podemos destruir a única fonte de sobrevivência dessa família?"*

*Relutou um pouco, mas limitou-se a cumprir a ordem do mestre. Alguns anos depois, o jovem, retornando sozinho àquela região, resolveu dirigir-se ao sítio daquela família que lhes hospedara.*

*Chegando lá, qual não foi o seu espanto quando verificou que o local havia mudado muito. O casal que vinha em sua direção era o mesmo, mas estava feliz. As crianças cresceram e, agora, já quase adolescentes, estavam bonitas, bem nutridas. Tudo havia mudado e para melhor: horta, frutas, galinhas, animais diversos passeavam pelo sítio. O jovem, não acreditando no que via e ainda sentindo-se culpado, questionou: "– Como é possível vocês terem progredido tanto?!"*

*Ao que o casal respondeu: "– Quando vocês estiveram aqui a nossa situação não era das melhores. Tínhamos só uma vaquinha e toda a nossa sobrevivência vinha dela. Logo após a saída de vocês, aconteceu uma tragédia – nossa vaquinha caiu num precipício.*

*Entramos em desespero, mas, daí em diante, tivemos que fazer outras coisas, desenvolver outros meios de sobrevivência. Descobrimos que a nossa terra era fértil e boa para legumes e frutas. Fomos, aos poucos, criando gosto e hoje é essa beleza que o senhor está vendo. Graças à perda da nossa vaquinha".*

## Notas

[100] Conf.: Christian, 1999, p. 54 e Blunt.
[101] Terra, 2009.
[102] Czarniawska, 2004.
[103] Martin *et al.*, 1983, pp. 498-53.
[104] Finlay e Hogan.
[105] Finlay e Hogan.

## *Eu Como...*

Quatro viajantes estavam sentados num caravançará, comendo o alimento que haviam trazido para a viagem.

– Eu sempre como creme de amêndoas e bolo de semente de coentro com ameixas açucaradas – disse o mercador rico.

– Eu como aveia e mel misturados com amoras secas – disse o soldado.

– Eu como coalhada e nozes de pistache com purê de damasco, disse o professor.

Depois de cada um falar de seu prato, todos olharam para Nasrudin.

– Eu nunca como nada além de trigo misturado cuidadosamente com sal, água e fermento, e corretamente cozido – disse o mulá, desenrolando um pedaço de pão.

# Gente é Feita para Brilhar

Frequentemente as empresas tem me contratado para contar histórias por ocasião do Dia Internacional da Mulher, para abrir um treinamento de integração de equipes ou comemoração de Natal, sempre com o objetivo de relaxar, confraternizar ou estimular reflexões em torno de um determinado tema.

Muito provavelmente, meu relacionamento com o mundo organizacional teria se resumido a essas apresentações, não fossem os trabalhadores de empresas passarem a procurar-me com certa regularidade, interessados no ateliê de formação na arte de contar histórias ou em busca de um trabalho individual ou em grupo, através dos contos.

Em qualquer dos casos, essas pessoas colocavam sua relação com o trabalho como um fator determinante para essa procura.

Algumas justificavam sua busca pelo ateliê de formação como uma necessidade pessoal. É o caso de um analista de sistemas, muito bem-sucedido, que sentia estar se tornando "um robô", não achando graça em mais nada. Ele queria "ativar" com urgência sua imaginação.

Uma, que veio recomendada pela colega da empresa, chegou perguntando: "É aqui que a gente aprende a voar para não endoidar?"

Outras, já procuravam o ateliê com objetivos unicamente profissionais. Em geral, trabalhavam em RH ou ocupavam cargos de liderança na empresa. Essa formação lhes traria novos recursos para incrementar sua prática, antecipando, de certa forma, o que viria a ser o *storytelling* no mundo organizacional.

Quanto às pessoas que chegavam com objetivos semelhantes a esses, tudo bem. Mas outras vieram cujas experiências dolorosas e sofridas em seu ambiente de trabalho lhes deixaram marcas consideráveis.

Um homem jovem, não encontrando mais tempo para a família, pois sua dedicação à empresa deveria ser em tempo integral, explodira num estresse e estava em licença médica. Ele sentia ter perdido o "rumo da própria vida".

Uma esposa veio com seu marido em profunda depressão, porque não conseguia realizar "as malditas metas", dizia ela. Ele já não dormia mais, na expectativa de ser demitido.

Um outro caso que não se encaixa nessa situação, mas nem por isso deixa de ser muito frustrante é o de um homem de 54 anos que, tendo trabalhado desde jovem no setor de obras de uma autarquia, sentia que toda a sua experiência e seus conhecimentos acumulados ao longo de anos se perderiam, uma vez que a ninguém parecia realmente interessar.

De querer "voar para não endoidar" a amargar uma depressão, uma coisa começou a ficar muito evidente a partir do trabalho com essas pessoas: um contador de histórias tem algo mais a oferecer às empresas, além de contar histórias de Natal para confraternizar.

### *Onde Há Luz, Há Esperança*

Um conhecido viu Nasrudin procurando alguma coisa no chão.

– O que foi que você perdeu, mulá? – perguntou.

– Minha chave – respondeu Nasrudin.

E os dois, de joelhos, ficaram procurando. Depois de algum tempo, o outro perguntou:

– Onde foi mesmo que deixou cair a chave?

– Em minha casa.

– Então, por que você está procurando aqui?

– Porque aqui há mais luz que dentro de minha casa.

# E Empresas para Conquistar

Em princípio, a empresa é um lugar de serviço ou de produção. Ela existe para atender a um terceiro, chamado cliente, em suas necessidades de consumo. Para isso, todo um mecanismo deve se mover para que funcione adequadamente. Em épocas fordistas, enxergava-se cada parte da empresa, inclusive seus funcionários, como parte dessa engenharia, como várias peças de um relógio que, desde que girando no compasso certo, comporiam o ritmo ordenado da organização em seu produzir, vender.

Hoje, sabe-se que a empresa, muito mais do que um mecanismo, é um organismo vivo, um tecido no qual há encontros, desencontros, desejos realizados, conquistas, fracassos, numa combinação impressionante de emoções. É um local de satisfações e insatisfações, de possibilidades criativas e também de esgotamentos. Para além de um ritmo ordenado, as empresas precisam de livre circulação de seus muitos elementos e dimensões. Esse lugar precisa ser ainda um espaço de prazer, de realizações pessoais, que reverberem por todo o organismo e, consequentemente, tornem a própria empresa realizadora.

Humanizar as relações de trabalho é reconhecer verdadeiramente a empresa como um organismo, e não como um mecanismo. Sendo um organismo, seu funcionamento é dinâmico, está sujeito a inúmeras variáveis, inclusive emocionais e subjetivas. Sendo um organismo, pode cansar-se e mesmo exaurir-se. Homens e mulheres, antes de se cansarem fisicamente, veem escorrer por entre os dedos as energias criativas, aquelas que geram os novos produtos e serviços, que permitem o necessário jogo de cintura para enfrentar o cotidiano, aquelas que possibilitam a comunicação, o necessário conversar no dia a dia das relações de trabalho.

Outra questão diz respeito à gestão do conhecimento.

Organizações de hoje estão testemunhando em aumento de histórias como portadoras de conhecimento. Alguns empregados compartilham histórias como um meio de sobrevivência dentro da estrutura corporativa; outros, usam histórias para criar um espaço para si próprios, a partir do qual eles podem desafiar, ameaçar, criticar e alertar a estrutura de poder dominante da organização, ou trazer à superfície as contas a pagar pela gestão, por sua negligência ou lapsos.[106]

Para ir ao encontro dos objetivos de negócio, as organizações devem gerir eficazmente os seus recursos de informação e conhecimento. A gestão do conhecimento foca os processos e as pessoas envolvidas neles através das suas experiências, ideias e decisões para criar, recordar, partilhar, disponibilizar e influenciar o conhecimento na organização como suporte às estratégias de negócio. Uma mudança de ênfase da informação para o conhecimento. É pelo relato que se dá a construção coletiva do conhecimento.[107]

# Humanização no Trabalho

- **Perdendo o rumo da própria vida**

> Carlos, 37 anos, trabalhador de nível técnico em uma multinacional do setor contábil, não encontrando mais tempo para a família, pois sua dedicação à empresa deveria ser em tempo integral, explodira num estresse. Ele estava em licença médica, mas a simples ideia de que em breve deveria retornar ao trabalho, agravava seu quadro. Acabara de ter uma crise de pânico e sentia ter perdido o rumo da própria vida.

> Humberto, de 45 anos, gerente em um grande banco, veio por insistência da esposa, Dora, 43 anos. Ele amargava uma depressão e, embora já estivesse medicado, continuava sem dormir porque não conseguia realizar as "malditas metas", dizia Dora.

As pessoas, com queixas dessa natureza e que vêm à procura de um trabalho através de contos, têm em comum um grande ressentimento em relação à empresa, pois sentem que seu trabalho nunca é reconhecido. Acabam por acreditar que não devem ser boas o bastante. Não sendo boas o bastante, dobram os esforços, mas o reconhecimento, ainda que venha, nunca corresponde ao tamanho do esforço.

Elas têm também muito medo de perder seu emprego, o que gera ansiedade e desconfiança. Não encontrando espaço para se expressar, calam-se e adoecem.

Um círculo vicioso, do qual já não podem mais sair, se fecha, minando-lhes as energias, e mesmo que a realidade não seja exatamente assim, o alto nível de tensão faz com que não possam enxergá-la de outra forma. Muitos casos assim acabam na Síndrome do *Burnout*.

Os sintomas básicos dessa síndrome seriam, inicialmente, uma exaustão emocional em que a pessoa sente que não pode mais dar nada de si mesma. Em seguida, desenvolve sentimentos e atitudes muito negativos, como, por exemplo, um certo cinismo na relação com as pessoas do seu trabalho e aparente insensibilidade afetiva.

Finalmente, o paciente manifesta sentimentos de falta de realização pessoal no trabalho, afetando sobremaneira a eficiência e habilidade para a realização de tarefas e de adequar-se à organização.

Essa síndrome é o resultado do estresse emocional, incrementado na interação com outras pessoas. Algo diferente do estresse genérico, a Síndrome de *Burnout* geralmente incorpora sentimentos de fracasso. Seus principais indicadores são: cansaço emocional, despersonalização e falta de realização pessoal.

## *Quadro Clínico da Síndrome de* Burnout

O quadro clínico da Síndrome de *Burnout* costuma obedecer à seguinte sintomatologia:

1. Esgotamento emocional, com diminuição e perda de recursos emocionais

*(Continua)*

2. Despersonalização ou desumanização, que consiste no desenvolvimento de atitudes negativas, de insensibilidade ou de cinismo para com outras pessoas no trabalho ou no serviço prestado.
3. Sintomas físicos de estresse, tais como cansaço e mal-estar geral.
4. Manifestações emocionais do tipo: falta de realização pessoal, tendências a avaliar o próprio trabalho de forma negativa, vivências de insuficiência profissional, sentimentos de vazio, esgotamento, fracasso, impotência, baixa autoestima.
5. É frequente a irritabilidade, inquietude, dificuldade para a concentração, baixa tolerância à frustração, comportamentos paranoides e/ou agressivos para com os clientes, companheiros de trabalho e para com a própria família.
6. Manifestações físicas: como qualquer tipo de estresse, a Síndrome de *Burnout* pode resultar em transtornos psicossomáticos. Estes, normalmente se referem à fadiga crônica, frequentes dores de cabeça, problemas com o sono, úlceras digestivas, hipertensão arterial, taquiarritmias e outras desordens gastrintestinais, perda de peso, dores musculares e de coluna, alergias, etc.
7. Manifestações comportamentais: probabilidade de condutas aditivas e evitativas, consumo aumentado de café, álcool, fármacos e drogas ilegais, absenteísmo, baixo rendimento pessoal, distanciamento afetivo dos clientes e companheiros como forma de proteção do ego, aborrecimento constante, atitude cínica, impaciência e irritabilidade, sentimento de onipotência, desorientação, incapacidade de concentração, sentimentos depressivos, frequentes conflitos interpessoais no ambiente de trabalho e dentro da própria família.[108]

Os casos de Carlos e Humberto, citados acima, estão estreitamente ligados à necessidade de humanização no trabalho. Sobre isto, dizem os especialistas organizacionais que empresas que adoecem seus empregados estão doentes, porque um fator imprescindível ao seu desenvolvimento lhes escapa. "O melhor negócio de uma organização ainda se chama gente, e ver gente integrada na organização como matéria-prima principal também é lucro, além de ser um fator primordial na geração de resultados."[109]

"Há uma grande necessidade de se repensar a humanização do trabalho. A economia de mercado tão largamente expandida no mundo contemporâneo criou impasses quando a questão é o ser humano."[110]

"Uma empresa se torna socialmente humanizada e lucrativa quando seu compromisso de existência transcende os números. Quando tem suas metas voltadas para uma expansão em grupo, fazendo diferença no espaço que ocupa dentro e fora do mercado, com produtos e atitudes que acrescentem ao mundo mais dignidade de existência e sobrevivência, que tragam benefícios aos envolvidos no campo material, espiritual e humano."[111]

César Romão, fazendo uma retrospectiva dos caminhos tomados pelas empresas nas últimas décadas, lembra que elas passaram primeiro pela era da reengenharia, que causou um terrível desemprego. Depois veio a terceirização, e muitos empregados foram dispensados e contratados como microempresários para prestação de serviços. Não estando preparados para dirigir uma empresa, grande parte "morreu na praia".

A seguir, veio "a globalização, uma palavra inventada pelos americanos, que faz todo mundo trabalhar para eles". O resultado de tudo isso tem sido "a falência de empresas tradicionais, concordatas de empresas sólidas, vendas de empresas com potencial para grupos estrangeiros, fusões de pequenas empresas encampadas pelas gigantes, e o simples fechamento de empresas, baixando suas portas sem ter como pagar sequer seus funcionários".

Mas o pior, continua Romão, é que tudo isso resultou na "desvalorização do ser humano, que participou desses processos, tentando ajudar sua empresa, e hoje é descartado, como se somente números pudessem indicar lucros e ótimos resultados fossem o melhor diagnóstico de um negócio".[112]

Todo esse percurso gerou naturalmente um clima de desconfiança, de "pé atrás." Uma coisa puxando a outra, o resultado da insegurança gerada pela perda de confiança levou à cultura do silêncio e esta é responsável pela falência de muitas empresas, como mostra o estudo realizado pela professora de Gestão, de Harvard,

Leslie A. Pelow. Sua conclusão foi que as causas do silêncio podem ser muitas: a modéstia, o respeito pelos outros, a prudência, o *savoir vivre*. As regras de boa convivência profundamente enraizadas podem fazer as pessoas se calarem para evitar, problemas, conflitos e outros perigos.[113]

Mas as "dificuldades econômicas atuais, que colocam o emprego sempre na corda bamba, também estão na origem do silêncio". Talvez esta seja uma das maiores causas da atitude: "Em boca fechada, não entra mosquito".

Em todos os casos, como mostra a pesquisadora, "os conflitos ocultos são um problema universal no mundo organizacional; das menores empresas às maiores multinacionais, ele pode ter um custo psicológico alto para os indivíduos, criando sentimentos de frustração, raiva e ressentimento que contaminam as interações, sufocam a criatividade e minam a produtividade".[114]

Confirmando os estudos da professora, Salmon pergunta: O que há de comum entre a explosão da nave Columbia, a crise no New York Times e os escândalos financeiros da Enron, Tyco Electronics, Worldcom, Health South?

Segundo o The Concours Group e Vital Smarts, um grupo de consultores especializados em gerenciamento de crise, essas organizações, que conheceram suas dificuldades em 2003, compartilharam uma mesma "cultura do silêncio": "Todos esses fracassos teriam sido evitados", explica o presidente da Vital Smarts, Joseph Grenny, "se essas organizações tivessem prestado atenção em um traço decisivo de sua cultura: a maneira pela qual gerenciam as discussões cruciais", que comportam riscos decisivos ao longo da operacionalização de um projeto, e cuja tendência é evitá-los ou negá-los, por medo, conformismo ou simples "deixa pra lá".[115]

No centro dessa questão, encontramos o "ser humano" ocupando um lugar central, tanto para o sucesso quanto para o fracasso da empresa.

Não é mais possível fechar os olhos para a necessidade de reconhecimento do trabalhador como alguém que tem uma história pessoal, que inclui uma família, uma visão de mundo, um ritmo próprio, anseios, sentimentos, esperanças, e também medos, angústias, etc.

É necessário dar ouvidos à palavra dos trabalhadores, porque eles são parte dos processos em curso, e "a capacidade de ação em uma empresa está diretamente relacionada à capacidade de escuta por parte dos líderes. É através da escuta que se torna visível o que se oculta, ou melhor, audível o que se silencia. Essa prática requer a disciplina do 'compartilhar', que resulta na coconstrução do relato, do sentido".[116]

O "compartilhar", por sua vez, requer da direção da organização uma mudança na direção de sua abordagem. De uma abordagem descritiva ela deve passar à narrativa.

A abordagem descritiva pode ignorar por completo o outro, cujas intenções não são levadas em conta e ele é tido como "objeto" apenas.

"O descritivo nos faz descobrir um mundo que se considera existir como já estando ali, que se dá como tal, de forma imutável. Esse mundo, que tem necessidade apenas de ser reconhecido, só precisa ser mostrado."[117]

Em contraposição a esta, a abordagem narrativa visa a produzir sentido e, portanto, necessita do outro, pois "não há no mundo do relato uma fonte única de sentido, mas intenções em interação (...). O narrativo, ao contrário [do descritivo], nos faz descobrir um mundo que é construído no desenrolar de uma sucessão de ações que se influenciam umas às outras e se transformam em um encadeamento progressivo".[118]

Tornar uma empresa socialmente humanizada e lucrativa requer uma gestão organizacional que garanta a participação em ideias e sugestões de todos os colaboradores e clientes.[119]

## ■ Retomando o rumo da própria vida

"Perder o rumo da própria vida", expressão usada pelo Carlos, diz muito. Tanto no seu caso quanto no de Humberto, a questão é bem esta.

Eles precisavam expressar seus sentimentos para limpar o ressentimento, examinar as razões do medo e rever sua autoestima. Precisavam se contar sua própria história para "retomarem o rumo de suas vidas".

O ateliê aconselhado a pessoas em situações semelhantes é: "Contos e caminhos iniciáticos". Além destas, a indicação é válida para quem busca o autoconhecimento, independentemente do momento pelo qual esteja transitando. Seria uma boa indicação, por exemplo, para líderes, uma vez que o autoconhecimento é condição básica de liderança.

Mas, em todo caso, esse é um trabalho a ser realizado "fora das fronteiras" da empresa, até por razões óbvias: os objetivos da empresa são outros.

No entanto, há elementos da experiência nesse ateliê que podem inspirar bons trabalhos aplicáveis à empresa. Motivo pelo qual vamos descrevê-lo rapidamente.

"Contos e caminhos iniciáticos" é um ateliê de autoconhecimento, realizado com pequenos grupos de participantes e que se apoia na noção de resiliência.

Os grupos que se formam reúnem pessoas vindas de diferentes lugares e com as mais diversas experiências. Elas se juntam para fazer uma "viagem", que será conduzida por um conto tradicional iniciático. Saindo do mesmo cais, entram no mesmo barco e se dirigirem ao mesmo destino: o país do "próprio coração", digamos assim.

Abraçando a mesma proposta, e com os mesmos objetivos, elas se sentem acolhidas num espaço de confiança, onde podem externar sentimentos profundos, como ressentimentos e medos, mas também descobrir ou apropriar-se de qualidades que não estavam considerando.

À medida que ampliam seus espaços internos, sua autoconfiança e sua autoestima melhoram e elas aprendem a se colocar de uma forma nova, transformada, diante das situações da vida.

Nesse percurso, aquilo que num primeiro momento era apenas um grupo de "viajantes" num cais, logo se transforma em uma comunidade que troca experiências para continuar crescendo. Uma comunidade é, por isso, orgânica e dinâmica.

Para criar esse ateliê inspirei-me numa passagem importante do mito de Perseu:

*Para matar a Medusa, única das três Górgonas que era mortal, era preciso evitar olhar para o seu rosto, que tinha o poder de petrificar quem o olhava. Perseu então desferiu o golpe olhando a Górgona refletida em um escudo reluzente que Atenas havia lhe dado.*

Ao projetarem situações, difíceis de serem encaradas de forma direta, em outro contexto: *"um lugar distante"*, no "atemporal", do *"Era uma vez"*, *"Há muito tempo"*, os contos funcionam como o escudo reluzente, o espelho de Perseu.

Se olharmos diretamente para nossas dificuldades, podemos ficar paralisados por sentimentos contraditórios ou de impotência. Mas fazendo-o de forma indireta, através dos contos, é possível tomar a devida distância emocional para ver com clareza.

Conhecendo a trajetória do herói – a forma pela qual a trama se desenrola, como são tecidas as relações e sua intencionalidade –, explora-se a própria trajetória. Assim "aprende-se a aprender" com as experiências vividas.

Uma trajetória é um caminho que tem um ponto de partida e outro de chegada. No ponto de partida, o conto propõe uma questão que será respondida no transcorrer da trama. O resultado final depende das escolhas feitas pelo herói.

Assim, a auto-observação inspirada em situações do conto tradicional mostra o que funcionou e o que não funcionou em nossas escolhas e atitudes.

Como Perseu, olhando a Medusa através de seu escudo, podemos encará-las com tranquilidade, tomando a devida distância emocional, afinal trata-se, antes de mais nada, da história do "personagem" do "herói" do conto.

A seguir, um conto que tem sido muito trabalhado, e com ótimos resultados, para os participantes dos grupos que podem identificar-se com qualquer personagem que espelhe suas necessidades.

O tema da determinação é central neste conto, mas muitos outros temas podem se revelar também importantes, pois, em se tratando de material simbólico (o conto é um material simbólico, como as obras de arte), está aberto a infinitas descobertas e possibilidades. Construído com elementos e linguagem arquetípica, os contos falam do ser humano: de ontem, de hoje e de amanhã.

Além de funcionarem como o escudo de Perseu, funcionam como um mapa que orienta o viajante em um "país" cuja língua ele aprenderá a falar aos poucos. O país é nosso mundo interno e a língua é a linguagem simbólica. Segue o conto:

## A PRINCESA OBSTINADA

Um certo rei acreditava que o correto era o que lhe haviam ensinado e aquilo que pensava. Sob muitos aspectos, era um homem justo, mas também uma pessoa de ideias limitadas.

Um dia reuniu suas três filhas e lhes disse:

– Tudo o que tenho é de vocês, ou será no futuro. Por meu intermédio vieram a este mundo. Minha vontade é o que determina o futuro de vocês três, e portanto o seu destino.

Obedientes e persuadidas da verdade enunciada pelo pai, duas das moças concordaram. Mas a terceira retrucou:

– Embora a minha posição me obrigue a acatar as leis, não posso acreditar que meu destino deva ser sempre determinado por suas opiniões.

– Isso é o que veremos – disse o rei.

Ordenou que prendessem a jovem numa pequena cela, onde ela penou durante alguns anos. Enquanto isso o rei e suas duas filhas submissas dilapidaram bem depressa as riquezas que de outro modo também seriam gastas com a princesa prisioneira.

O rei disse para si mesmo:

"Essa moça está encarcerada não por vontade própria, mas sim pela minha. Isto vem provar, de maneira cabal para qualquer mentalidade lógica, que é a minha vontade e não a dela que está determinando seu destino."

Os habitantes do reino, inteirados da situação de sua princesa, comentaram:

– Ela deve ter feito ou dito algo realmente grave para que um monarca, no qual não descobrimos nenhuma falha, trate assim a sua própria filha, semente viva de seu sangue.

Mas ainda não haviam chegado a ponto de sentir a necessidade de contestar a pretensão do rei de ser sempre justo e correto em todos os seus atos.

De tempos em tempos o rei ia visitar a moça. Conquanto pálida e debilitada pelo longo encarceramento, ela se obstinava em sua atitude.

*Finalmente a paciência do rei chegou a seu derradeiro limite:*

*– Seu persistente desafio – disse à filha – só servirá para me aborrecer ainda mais, e aparentemente enfraquecerá meus direitos caso você permaneça em meus domínios. Eu poderia matá-la, mas sou magnânimo. Assim, me limitarei a desterrá-la para o deserto que faz divisa com meu reino. É uma região inóspita, povoada apenas por animais selvagens e proscritos excêntricos, incapazes de sobreviver em nossa sociedade racional. Ali logo descobrirá se pode levar outra existência diferente daquela vivida no seio de sua família; e se a encontrar, veremos se preferirá à que conheceu aqui.*

*O decreto real foi prontamente acatado, e a princesa conduzida à fronteira do reino. A moça logo se encontrou num território selvagem e que guardava uma semelhança mínima com o ambiente protetor em que havia crescido. Mas bem depressa ela percebeu que uma caverna podia servir de casa, que nozes e frutas provinham tanto de árvores como de pratos de ouro, que o calor provinha do sol. Aquela região tinha um clima e uma maneira de existir próprios.*

*Depois de algum tempo ela já conseguira organizar sua vida tão bem que obtinha água de mananciais, legumes da terra cultivada e fogo de uma árvore que ardia sem chamas.*

*"Aqui", murmurou para si própria a princesa desterrada, "há uma vida cujos elementos se integram, formando uma unidade, mas nem individual ou coletivamente obedecem às ordens de meu pai, o rei."*

*Certo dia, um viajante perdido, casualmente um homem muito rico e ilustre, encontrou a princesa exilada, enamorou-se dela e a levou para seu país, onde se casaram.*

*Passado algum tempo, os dois decidiram voltar ao deserto, onde construíram uma enorme e próspera cidade. Ali, sua sabedoria, recursos próprios e sua fé se expandiram plenamente. Os "excêntricos" e outros banidos, muitos deles tidos como loucos, harmonizaram-se plena e proveitosamente com aquela existência de múltiplas facetas.*

*A cidade e a campina que a circundava se tornaram conhecidas em todo o mundo. Em pouco tempo, eclipsara amplamente em progresso e beleza o reino do pai da princesa obstinada.*

Por decisão unânime da população local, a princesa e seu marido foram escolhidos como soberanos daquele novo reino ideal.

Finalmente o pai da princesa obstinada resolveu conhecer de perto o estranho e misterioso lugar que brotara do antigo deserto, povoado, pelo menos em parte, por aquelas criaturas que ele e os que lhe faziam coro desprezavam.

Quando, de cabeça baixa, ele se acercou dos pés do trono onde o jovem casal estava sentado e ergueu seus olhos para encontrar os daquela soberana, cuja fama de justiça, prosperidade e discernimento superava em muito o seu renome, pôde captar as palavras murmuradas por sua filha:

– Como pode ver pai, cada homem e cada mulher tem seu próprio destino e faz sua própria escolha.

## Estímulo à imaginação criadora

### ■ Aprender a voar para não endoidar

> Antonio Augusto, 49 anos, é analista de sistemas e empresário. Sua empresa de software está consolidada no mercado e cresce vertiginosamente. Ele se considera um homem bem-sucedido na vida e é muito bem humorado, mas chegou dizendo: "De uns tempos para cá, ando me sentido meio travado, como se estivesse emburrecendo para tudo que não esteja relacionado a esse mundo no qual vivo vinte e quatro horas por dia. Sonhei que virava um robô como aqueles que fazem os japoneses, creio que preciso urgentemente ativar minha imaginação, até mesmo para voltar a achar graça nas coisas simples".

> Luciana, 28 anos, é engenheira de manutenção em uma siderúrgica. Tem sob seu comando 70 trabalhadores homens, o que exige dela uma postura muito firme, pois nesse caso "ser jovem e mulher não facilita as coisas".

> É muito cobrada pela diretoria sobre o bom desempenho de sua equipe. Mas está se saindo bem, e sente-se feliz nesse cargo. O problema é que, por lidar com um "universo muito masculino e lógico", sente-se meio "endurecida". Veio recomendada por uma colega da empresa e chegou perguntando: É aqui que agente aprende a "voar para não endoidar?"

Tanto a fala do analista de sistemas quanto a da engenheira de manutenção podem ser traduzidas como uma necessidade de estimular uma de suas faculdades que anda meio enferrujada: "a imaginação".

Antonio Augusto teme que, se não ativá-la, corre o risco de se transformar num "robô" de modelo japonês! Luciana quer aprender a "voar para não endoidar."

Essas duas metáforas me lembram uma história que Joseph Campbell relata em um de seus livros. É a história de um homem que, na maturidade de sua vida, tendo conquistado tudo que almejara: ótima condição financeira, patrimônio respeitável, empresa que crescia a passos largos, bela família, deparou-se com uma depressão e explicou-a dizendo que sentira ter encostado sua escada em um muro muito alto e galgado degrau por degrau. Não fora fácil, mas conseguira chegar ao topo. E tendo lá chegado não via mais sentido em nada. Estava vazio. "Sinto que encostei a escada no muro errado", dizia ele.

A escada no muro é uma boa metáfora e ajuda a refletir sobre os riscos de não se abrir espaço às diversas dimensões da vida, possíveis de serem exploradas por um ser humano. Por analogia, podemos dizer que muitas são as escadas e vários os muros a serem galgados. É um equívoco pensar que existe uma só escada e um muro apenas.

Um robô funciona de acordo com a programação que lhe foi implantada. Ele responde de forma automática e previsível. Um robô não sente, não sonha, não se emociona, não cria. A metáfora do robô usada por Antonio Augusto é muito apropriada. A capacidade de criar é o que nos diferencia não apenas das máquinas, mas também de todos os outros seres vivos. E essa capacidade está intrinsecamente ligada à faculdade da imaginação. Não desenvolvê-la traz o sentimento de que algo de nossa humanidade está em falta.

Outra metáfora rica é a da Luciana: "aprender a voar para não endoidar". "Endoidar" é perder-se de si mesmo. Não dar vazão à imaginação é uma forma de perder-se de si mesmo. As pessoas que buscam estimular a faculdade da imaginação encontram nos contos tradicionais um ótimo alimento – razão pela qual Luciana fora encaminhada por uma colega que já passara pela experiência de "voar" através de sua imaginação.

As empresas que investem nos processo de inovação não podem abrir mão dessas pessoas, pois inovar é introduzir o novo, e isto não se faz sem imaginação. A essas pessoas, os ateliês *Contos e Caminhos Iniciáticos, A Arte de Contar Histórias* ou *Encantamento de Palavras* têm sido uma boa resposta às suas necessidades.

## Capacidade de Comunicar

- **Está falando de quê? Era uma vez o líder aprendiz**

> Pessoas ligadas a empresas ou instituições governamentais têm procurado cada vez mais o *Ateliê A Arte de Contar Histórias,* com objetivo de aperfeiçoamento profissional. Em geral, trabalham em RH ou ocupam cargos de liderança, e esta formação pode lhes trazer novos recursos para melhorar sua capacidade de comunicação.

"Boas histórias precisam ser contadas por alguém. Logicamente, há indivíduos que são naturalmente excelentes contadores de histórias. Se, no entanto, *storytelling* passar a fazer parte do arsenal de ferramentas gerenciais estratégicas, gestores e líderes precisarão ser treinados para incorporar habilidades para contar e/ou escrever boas histórias. A princípio, este objetivo pode parecer inalcançável e irrealista. A nosso ver, no entanto, embora difícil, a habilidade de contar histórias pode e precisa ser desenvolvida. (...) *Storytelling* é uma das habilidades essenciais para gestores de organizações líderes na Era do Conhecimento."[120]

O líder não pode mais preencher seus quadros com números apenas, ele precisa narrar, contar. Ele precisa contar a situação comum, para dar significado aos acontecimentos compartilhados na empresa.

Não há mais dúvidas sobre a necessidade de formação de líderes na competência narrativa para desenvolver sua capacidade de comunicar. Mas a ideia que têm esses profissionais em busca de aperfeiçoamento sobre o que é "comunicar", às vezes, se traduz em adquirir uma boa retórica, saber como posicionar-se no palco para uma palestra, onde colocar as mãos, como se pode exercitar a boa dicção.

Logo descobrem que é mais do que isso. A comunicação deve começar primeiro consigo mesmo. O líder, como o bom contador de histórias, tem que: saber dizer, saber fazer, saber comunicar, mas também saber contar-se.

Saber contar-se pressupõe o conhecimento de si mesmo. Sob esse aspecto, aos líderes é necessária a compreensão da complexidade da vida. Os contos tradicionais podem ensinar-lhes de forma simples a inter-relação entre todas as coisas. O que justamente torna complexa a vida. Através dessa compreensão, eles podem aprender a "tomar o pulso" dos seus coordenados diante dos desafios, além de adquirir um repertório pessoal de como agir diante deles. Aprendem também a reconhecer no fluxo dos acontecimentos – ainda que num primeiro momento esses possam parecer desfavoráveis – as oportunidades.

Os contos ensinam a aprender e os aprendizados possibilitam as transformações. Portanto, o primeiro objetivo dos líderes ao se aproximarem dos contos deveria ser o de aprender com eles e através deles. Entre outras coisas, os contos tradicionais ensinam o que vale a pena ser vivido e ser contado. Eles contribuem, assim, para que se possa contar a própria história, carregando-a de sentido.

## ■ Construção da história pessoal

A construção narrativa da própria história traz coerência no discurso e aponta para a necessidade da coerência entre o que se diz e o que se faz. Ela ajuda o líder a conhecer-se melhor, e isso lhe traz autoconfiança e segurança na medida em que suas verdades se iluminam.

Uma história, se não for verdadeira, não convence. Ninguém, em sã consciência, entra num Boeing desconfiando de que o piloto não tem brevê. O líder tem um papel importante na construção da confiança na empresa e, para que isso seja possível, a história que conta sobre si mesmo tem de ser verdadeira. A dicotomia entre o que se faz e o que se fala gera cinismo e boicote.

Se você propõe algo às pessoas e solicita-lhes a cooperação para incrementar suas ideias é natural que elas queiram saber quem é você, qual é sua história. Portanto, saber se contar é o item número um para se ter a colaboração dos outros.

Além de verdadeira, a história de vida deve ser interessante. Para isso, é preciso saber o que realmente vale a pena ser contado. Os antigos romanos tinham uma prática muito curiosa para conhecer o futuro e que, aqui, é muito inspiradora.

Essa prática, própria dos sacerdotes, era uma espécie de oráculo e se chamava "augúrio romano". Apontando seu bastão mágico para o céu, os sacerdotes traçavam com ele um quadrado e liam dentro dele o voo dos pássaros, ou seja, interpretavam seus movimentos naquele espaço delimitado.

O que é inspirador nessa prática é o fato de que entre todo o espaço aberto o sacerdote delimita uma área de significação.

No céu por inteiro, os voos dos pássaros se igualam e isso os torna banais, mas o que se passa numa área específica significa, ganha sentido.

As histórias pessoais se desenrolam num imenso espaço aberto de acontecimentos. Mas todos eles não têm o mesmo valor. Tratá-los como se tivessem seria banalizar a história toda. Como no augúrio romano, ao construir a narrativa da própria história, é necessário selecionar-se o que tem significado, relevância. O que se conta é esse concentrado de significâncias.

Não se contam, os sentimentos profundos, mas o que eles teriam motivado. Muitas vezes, as provações, por exemplo, são responsáveis por grandes conquistas. Relatar as provações é menos importante do que mostrar o resultado delas nos processos de crescimento pessoal e de transformação.

A ideia de se inspirar no augúrio romano para construir a narrativa da história de vida é que ele ajuda a não perder o foco no essencial.

## ■ Ingredientes para se fazer uma boa história

Quem é você? A que veio? Em que acredita? Quais são seus valores? Como chegou aqui? Aonde pretende ir? Quais são os seus aprendizados que podem ser compartilhados e enriquecedores para o outro? Com quem você aprendeu na vida? Que palavras ficaram marcadas como sinaleiros na sua caminhada? Como a pessoas podem se identificar com você através de sua história?

Uma história de vida é feita pelas escolhas, pelos valores, pelas perdas, pelos encontros, pelos desencontros, pelas aprendizagens, pelas provas... Ela revela suas origens e o destino almejado. Contá-la aos outros vem depois de contá-la a si mesmo.

Quando bem construída, ela dá credibilidade. Nela, você fala de algo que sabe o que é, pois é o resultado de uma experiência vivida. Ela deve transmitir seus valores, esperanças, intenções e explicar por que você luta por essa ou aquela ideia.

Não há história verdadeira sem equívocos, vulnerabilidades, superações, fragilidades. Nenhuma história que valha a pena ser contada é feita apenas de sucessos. Uma história assim estaria no mínimo equivocada.

Fictícia ou real, toda história trata da trajetória de alguém ou de um herói e coloca em relação um conjunto de ações que acontecem a favor ou contra esse alguém ou esse herói.

Qualquer história parte de uma situação inicial para chegar a uma situação final. Estas duas pontas – início e fim – fazem parte do mesmo fio.

Para passar da situação inicial à situação final, deve existir obrigatoriamente um processo de transformação introduzido por um acontecimento particular, que é o elemento desencadeador que leva ao resultado final.

As ações são ligadas entre si por organizadores textuais que marcam as rupturas no relato: *um dia, de repente, então, naquele dia, naquele momento...*

Fazem parte do cenário de uma história: a pessoa cuja história é narrada ou o herói principal; os outros personagens; o lugar onde se passa e o tempo no qual se passa, ou seja, tempo, lugar e pessoas são elementos que compõem uma história.

As pessoas a quem se deve gratidão, pois contribuíram para que se estivesse onde se está, ocupam um lugar importante na história pessoal. Essas pessoas não são apenas aquelas que trouxeram coisas boas, são também as que impuseram provas difíceis. As provas são os desafios que, uma vez vencidos, ampliam a visão e fortalecem a autoconfiança.

Mas não basta construir uma boa história, é preciso saber contá-la. Nesse caso, as habilidades necessárias – saber dizer e saber fazer – são requisitos para saber comunicar.

A seguir, apresentamos a poética da oralidade dos contadores de histórias, que pode ajudar os líderes no aprendizado de uma boa performance na sua narrativa oral.

## Poética da oralidade

Na base da boa formação do contador de histórias está a poética de sua oralidade. É comum falarmos em: "palavra do contador de histórias".

Uma "palavra", qualquer que seja ela, se constrói com os elementos que compõem o universo que lhe é próprio. Podemos pensar em: palavra jurídica, palavra médica, palavra magistral, palavra de homem, palavra de mulher, palavra de banqueiro e... palavra de líder, por exemplo.

Cada uma dessas "palavras" ganhará forma a partir de tudo aquilo que se relaciona ao universo ao qual ela pertence: certezas, verdades, valores, crenças, virtudes, vícios. E não menos importante é o que essas diferentes "palavras" despertam em nós: os sentimentos, as sensações, os afetos.

Em sua concepção arquetípica, cada uma dessas "palavras" tem bem dosados os elementos que a compõem, o que imprime a ela certa universalidade. Juntando-se a essa universalidade as particularidades daquele que a profere, teremos num mesmo tipo de "palavra" infinitas variações, na sua forma.

Quando dizemos "palavra do contador de histórias", não estamos, portanto, nos referindo a formas linguísticas, mas à voz viva em presença do corpo e, com isso, a consideração do sujeito no discurso.

A poética da palavra do contador de histórias é constituída, então, pela *performance* que, ao mesmo tempo em que é um elemento, é também o principal fator constitutivo dessa poética.

A *performance* envolve a voz e os gestos. Ela é a "ação complexa, através da qual uma mensagem é simultaneamente transmitida e percebida, aqui e agora.[121]

A "palavra" do contador de histórias implica, portanto, totalidade e competência no saber dizer (voz), no saber fazer (gestos) e no saber comunicar (presença) no tempo e no espaço.

## ■ Saber dizer

Simbolicamente, a voz é "soprada" no indivíduo desde seu nascimento. No inconsciente, ela é "uma forma arquetípica: imagem primordial e criadora, ao mesmo tempo energia e confirmação dos traços que predeterminam, ativam, estruturam em cada um de nós suas primeiras experiências, seus sentimentos, seus pensamentos".[122]

Sua manifestação é suficiente para seduzir, pois, utrapassando sua dimensão acústica é também a parte menos limitada do corpo. A voz informa também sobre a pessoa; de acordo com sua maneira de falar, ela mostra seu estado emocional, seus desejos ou seus medos. Comunica sua serenidade ou sua irritação. Ela diz sem dizer. Mais do que o olhar ou a expressão do rosto, a voz pode trair.[123]

Precedendo a linguagem, a voz tem qualidades materiais: o tom, o timbre, a amplitude, a altura e a fluência.

Ela pode abrir espaços na imaginação do ouvinte através da entonação, inflexão e ritmo. Não menos importante é saber usar também o silêncio que, entremeando-se com a voz, cria climas emocionais.

Uma voz monótona ajuda a dormir. Variar o tom, interpretar a voz dos personagens, quebrar a monotonia. Abaixar o tom e falar lentamente, em seguida aumentá-lo. Modificar o ritmo de acordo com a ação descrita. Tudo isso dá vida à narrativa.

Uma mesma palavra ou expressão pode mudar de sentido e provocar diferentes emoções, dependendo do centro de ressonância do corpo de onde partirá: peito, garganta, cabeça.

Todos esses elementos combinados fazem com que a voz não seja apenas um instrumento. Ela é uma linguagem com vocabulário, sintaxe e um código.

O código é produzido por cada pessoa, através de seu pensamento. E pela ação do pensamento ela se torna, então, mensagem.

As mensagens veiculadas modificam em função dessas características na enunciação. É como mensagem que a voz falada e a escuta tornam-se atos interdependentes. "Falar é dar; é se dar, se oferecer ao outro (...). Escutar é receber, é acolher, é abrir-se ao outro e ser capaz de portá-lo em si mesmo. Dar e receber são duas maneiras de se unir ao outro."[124]

O ouvido está intimamente ligado à vida emocional do homem, originalmente, em termos de sobrevivência. Um estrondo, por exemplo, assusta e faz medo. O espaço auditivo tem a capacidade de suscitar toda a gama de emoções.

Segundo Ong, "a fenomenologia do som penetra profundamente no sentimento de existência dos seres humanos, na qualidade de palavra falada, pois o modo como a palavra é vivenciada é sempre importante na vida psíquica".[125]

O som incorpora, ele envolve seu ouvinte por todos os lados e faz com que se sinta no centro do seu mundo auditivo, o que se traduz na sensação de estar no âmago da existência.

Próprio ao sentido da audição, o som é apanágio do hemisfério direito, pois ele nos informa sobre aquilo que não vemos.

Ele é unificador e tem uma capacidade inquestionável para contornar obstáculos. Sua ação centralizadora afeta o sentido humano da unidade com o cosmos. Quando um orador se dirige a um grupo de pessoas, normalmente eles formam uma unidade, consigo mesmos e com o orador.

É do sentido da audição que vem essa característica de agregar, de unir, de construir junto o espírito de comunidade.

Um bom exercício é experimentar a própria voz de todas as formas, para conhecer os recursos que ela tem: graves e agudos, falar lenta e rapidamente uma frase. Exercitar-se em trava-línguas, descobrir os sons que se pode produzir, imitar animais, onomatopeias, etc. Trava-línguas:

## Trava-línguas 1:

A frota de frágeis fragatas fretadas por frustrados franco-atiradores, enfreada de freio, naufragou na refrega com frementes frecheiros africanos. Na fervida África frecharam figos para fritar na fornalha flamejante e fulgente. O fogo com furor e o fole frenético faziam a fumaça das fagulhas fugir pela fresta do forno, feito uma fenugem de favos fumegantes.

## Trava-línguas 2:

Clara Clarabela Clotilde Klaus reclamou clamorosamente a Clélio que Clarice declarou o declínio de Clóvis, seu cliente de clavícula quebrada.

Clara criou claridade. Claramente conclamou clemência, cruzou clareiras, criou claves. Clara queria crer na clareza da criatura de Clóvis. Clara clamou, chorou, caiu com o corpo crivado de cravos.

Clara então concluiu que Clóvis era cleptomaníaco e gostava de relógio clepsidra e era climatérico na sua claustrofobia clangorejante.

## Trava-línguas 3:

Pedro Paulo Pacífico da Paixão, pacato preto da propriedade de seu pranteado pai, depois de provar uma pinga, tomou um pileque e promoveu uma pagodeira com a população do porto. Foi um pandemônio, um pânico de pasmar, um salve-se quem puder, e Pedro Paulo Pacífico da Paixão foi preso na praia pela polícia por proferir palavras impróprias para pessoas de peso.

Na cadeia, o papagaio picou o pé de Pedro que era preto e podia permutar para parecer pequeno perto do píncaro que partia o pedaço do punho de Pedro, que após proferir provérbios picantes partiu para o Pará preocupado com sua reputação provinciana.

## Trava-línguas 4:

Celso Santíssimo supõe ter sido assassinado, por saber que o possível assassino havia assistido a uma sessão de suspense e sucessivamente ter sido atacado por síndromes assassinas. O suspeito sabia cerzir, sapatear, e assinava suspeitos cheques sem saldo na conta do Sudameris.

Após o fascínio do assassinato, os suspeitos serão submetidos a sucessivas intimidações até selar com sucesso o caso suspeito de assassinato sapateador que assinava no Sudameris. O suspeito de assassinato também tinha o sapato sujo, similar ao do soprano chinês que chocou a plateia que chupava balas de chuchu roxo e sujava o chão cheio de soja e cimento.

## ■ Saber fazer

O saber fazer completa-se com o saber dizer. É o fazer do corpo, que traduz em movimentos e gestos, ou gestualidade, o discurso oral.

O gesto deve acompanhar o enunciado, o que não quer dizer redundância. O significado de um termo ou de uma ideia que se pretende transmitir pode ser reforçado pelo gesto que lhe corresponda.

Um dos pontos que mais tenho trabalhado com meus alunos é justamente esse. É muito comum a pessoa dizer uma coisa enquanto seu corpo diz outra.

Essa dicotomia entre o que se diz com a voz e o que se diz com os gestos e expressões produz desconfiança no ouvinte.

"A gestualidade própria do contador requer uma totalidade, ela recusa a distância interpretativa e elimina a alegoria. O corpo molda o discurso, com os gestos que engendra no espaço, explicitando, num desenho em movimento, a forma externa do poema. É essa forma que subsistirá na memória depois que as palavras se calarem."[126]

Também os "gestos zero" são extremamente significativos na *performance*. Da mesma forma que na vocalização poética, o silêncio tem uma função precisa, a gestualidade pode integrar de maneira significativa os "gestos zero".

A expressão do rosto também é relevante, pelo valor simbólico dos órgãos do rosto e pelas suas poucas possibilidades de movimentos. Um dinamismo vital liga a palavra que se diz ao olhar que se lança e à imagem que nos proporciona o corpo do outro.

A veiculação da mensagem é favorecida pela entonação e o ritmo expressos pela voz, mas também pelos gestos, que devem acompanhar o enunciado e misturar-se a ele. Juntos, gesto e voz compõem o sentido do que se diz.

Todos os meios de expressão têm origem na própria cultura e estão colados à mensagem que se quer transmitir. O gesto produz figurativamente as mensagens do corpo. Encontrar os gestos convenientes, adequados, *na medida*, é uma arte em todas as culturas. Culturas diferentes expressam de maneiras diferentes sentimentos e emoções, e a ciência dos gestos é apreendida através da experiência na cultura.

O contador de histórias encontrará nas técnicas de voz e gestualidade um meio para aperfeiçoar sua expressão. Sua matéria-prima é seu corpo; voz e gestos e sua expressão são sua "palavra".

Se buscarmos na linguagem plástica uma analogia, a matéria-prima de um pintor são as tintas e a tela. Ele precisa saber como e quando usá-las, então buscará as técnicas plásticas para criar texturas, luz e sombra, harmonia de cores, etc... Mas o domínio da técnica não é o seu objetivo final, é apenas o meio para expressar ou dar forma aos seus conteúdos internos, um belo quadro, no caso do pintor.

### ■ Saber comunicar

O saber comunicar diz respeito à presença. Quantas pessoas nos parecem totalmente ausentes quando nos falam ou nos ouvem. Onde será que elas "estão"? Costumo brincar com meus alunos dizendo que isso é a "síndrome da alma penada". A cura para essa síndrome é a força do comando: "Habita esse corpo que te pertence!" Brincadeiras à parte, "habitar" o corpo começa pela atenção à respiração. Através dela, pode-se conectar com os estados internos, reconhecendo as emoções, sentimentos, pensamentos e, mais importante, as intenções e como tudo isso se manifesta corporalmente.

Nosso ouvinte pode captar nossas intenções mais secretas e muito do que somos através do que falamos e expressamos corporalmente.

"A oralidade implica tudo aquilo que em nós se destina ao outro: seja um gesto, um olhar"[127], e seu fim último é comunicar. E a comunicação se dá em diferentes níveis de percepção.

Atento a isto, o contador de histórias constrói seu texto a partir da interatividade com seus ouvintes. O diálogo com eles, a observação de suas reações ao que ele diz orientam essa construção. Isso faz com que cada texto seja único, embora as histórias que conta possam se repetir. Impermanência e inexatidão são, portanto, aspectos da oralidade.

Saber comunicar diz respeito, portanto, à relação entre o contador, os ouvintes e o texto. Catherine Zarcate ilustra essa relação através de uma bela metáfora: "O contador é um capitão que tem o timão e que pode guiar o barco, mas, se o público não soprar nas velas, ele vai ratear. Um contador é alguém que pode transportar todo mundo com suas forças, mas sem a [participação] do público, ele não vai muito longe".[128]

O papel do ouvinte não é menos importante do que o papel do contador. Muito diferente do espectador passivo, que recebe pronto o texto e sua mensagem, ele é coautor ou ouvinte-autor.

Dois ouvintes não ouvem da mesma maneira. Uma mesma *performance* é vivida de forma diferente para cada um. "Contar histórias é oferecer o mesmo pão, mas não o mesmo pedaço", diz o ditado.

O componente fundamental da "recepção" é, portanto, a ação do ouvinte, recriando à sua maneira e de acordo com suas configurações interiores o universo significante que lhe é transmitido.

O texto proposto no estilo oral é aberto, ele se constrói na voz daquele que o conta. Isso explica por que na oralidade nada está pronto, e um conto nunca é reproduzido duas vezes, da mesma maneira.

A adaptação do texto ao ouvinte se produz mais suavemente no transcorrer da *performance*. O contador varia espontaneamente o tom de voz ou o gesto, modula a enunciação segundo a expectativa que percebe no ouvinte, ou de forma deliberada modifica o próprio enunciado.

As peripécias do drama a três que se representa, assim, entre o contador, o ouvinte e o texto, podem influenciar de diversas maneiras sobre as relações mútuas dos dois últimos. O texto adapta-se de alguma forma à qualidade do ouvinte.[129]

É assim que o texto oral leva o ouvinte a identificar-se com o portador das palavras, sentidas como comuns aos dois atores, ou até mesmo como se fossem as suas próprias (do ouvinte), ditas pela voz do contador:

São essas as regras do jogo no estilo oral. Sob qualquer forma, sua poesia constitui, a longo prazo, um elemento indispensável à sociabilidade humana e à consciência de um destino comum a todos os seres, fator essencial da coesão dos grupos e à continuidade de uma história construída a muitas vozes, a muitos gestos, a muitos textos.[130]

## O CAVALARIÇO

*Um pregador entrou num determinado recinto para fazer um sermão. A sala estava vazia, exceto pela presença de um jovem cavalariço, sentado na primeira fila. O pregador, cogitando se deveria falar ou não, finalmente disse ao cocheiro:*

*– "Você é a única pessoa aqui. Acha que eu deveria falar ou não?"*

*O cavalariço respondeu-lhe:*

*– "Mestre, eu sou apenas um homem simples e não entendo destas coisas. Mas se eu entrasse nos estábulos e visse que todos os cavalos haviam fugido e apenas um restava, mesmo assim eu daria comida a ele".*

*O pregador tomou isso a peito e começou a pregar. Falou durante mais de duas horas. Depois disso, sentiu-se exultante e queria que a plateia confirmasse a grandeza do seu sermão. Ele perguntou:*

*– Você gostou do meu sermão? O cavalariço respondeu:*

*– "Já lhe disse que sou um homem simples e não entendo dessas coisas. Entretanto, se eu entrasse nos estábulos e descobrisse que todos os cavalos haviam fugido exceto um, eu daria de comer a ele, mas não lhe daria toda a ração que eu tivesse".*

## Transmissão de Conhecimento

> José Luiz, 54 anos, engenheiro civil, trabalha desde muito jovem numa autarquia. Inicialmente como técnico e depois na área executiva de obras viárias de pavimentação. Ao longo de tantos anos, hoje ele seria capaz de realizar seu ofício de "olhos fechados". A experiência e o conhecimento acumulados, se recolhidos e transmitidos poderiam contribuir enormemente para a formação dos recém-chegados. Mas isso não irá acontecer, pois não existe na autarquia uma política nesse sentido.

No artigo *O esvaziamento tecnológico do Estado*, publicado na Folha de S. Paulo de 18/11/2009, o geólogo Álvaro Rodrigues dos Santos observa que os órgãos públicos que antes eram verdadeiras escolas de engenharia, hoje são meras estruturas burocráticas sem consistência técnica.

O autor se refere ao processo de privatização de empresas públicas nas áreas de energia, telecomunicações, transporte e infraestrutura em geral, sobretudo nos anos 1990, que trouxe a dissolução de equipes técnicas de altíssima capacitação e experiência, constituídas nessas empresas ao longo de décadas.

Embora ele não coloque em questão o processo de privatização, ressalta o fato de que as equipes técnicas, formadas no âmbito da implantação de empreendimentos da mais alta complexidade tecnológica nas décadas de 1950/60/70, contavam com o entusiasmo e apoio estratégico de instituições públicas de pesquisa tecnológica do país e foram responsáveis pelo desenvolvimento de uma engenharia nacional aplicada às características econômicas, sociais e psicológicas próprias de nosso país, guindando-se ao nível da melhor engenharia do Primeiro Mundo.

José Luiz que, frustrado apresentou-me esse artigo, comentou: "Tudo isso foi, não é mais e no futuro, se for pelo andar dessa carruagem, a pólvora terá de ser reinventada, pois nada do que se aprendeu parece servir mais para nada".

Justa indignação do engenheiro da autarquia e franca negligência desta última, em relação ao "saber".

O conhecimento tácito é adquirido através da experiência. A empresa pública ou privada que não se preocupa em recolhê-lo está, na realidade, abrindo mão de um capital valioso. Produzido pela sua *intelligentsia* se perenizado numa compilação sistemática, esse conhecimento seria a grande riqueza dessas empresas. Não feito isso, ele desaparecerá com essa mesma *intelligentsia* – os trabalhadores – que o produziram. Para as pessoas às quais a organização não oferece as condições para sistematização do recolhimento de seus "saberes e fazeres", resta então a frustração por ter algo precioso que irá desaparecer com elas. As empresas que, ainda hoje, desprezam esse fator se colocam como retrógradas ou cegas, ou ambos.

A organização moderna deve tornar-se "saber", e o saber se produz e se adquire coletivamente. A preocupação com a dimensão humana das organizações conduz a observar e preservar o que há de mais especificamente humano: a inteligência. O saber humano.

Lugar de saber quer dizer lugar de produção de ideias, de concepção de mundo, de debates e de compartilhamento de práticas e convicções.

É pelo relato que se dá uma construção coletiva do conhecimento.

Conhecimento é o ato ou efeito de conhecer a ideia, a noção, a informação, a notícia, a experiência e o discernimento que se encontra na mente de um indivíduo ou grupo de indivíduos. Dito de outra forma, o conhecimento não é mais do que a combinação de experiências, valores, informações e recordações do ser humano, gerando novas informações, experiências, ou seja, novo conhecimento[131]. O atributo-chave do conhecimento é que ele existe apenas na mente do ser humano, transformando-se em informação quando o mesmo é registrado num suporte físico.[132]

Existem dois tipos de conhecimento: o conhecimento explícito e conhecimento tácito. O conhecimento explícito é um tipo fácil de codificar, transferir e reutilizar, que se encontra formalizado através de textos, gráficos, figuras, desenhos, entre outros suportes físicos[133]. É o conhecimento que pode ser expresso usando uma estrutura descritiva[134]. Pelo contrário, o conhecimento tácito é subjetivo, que não pode ser representado por falta de mecanismos estruturais e formais. Corresponde a mapas mentais, crenças e ideias próprias e emoções bastante interiorizadas no ser humano, muitas vezes difíceis de articular e capturar.[135] Quanto mais complexo for o conhecimento tácito, mais difícil a sua formalização.

Para que seja possível a compreensão do conhecimento tácito, é necessária a sua conversão em elementos que permitam sua formalização através das estruturas existentes e utilizadas na representação do conhecimento explícito. Ao processo da passagem de conhecimento tácito a explícito designou-se externalização. Este se caracteriza como um processo complexo e pelas razões subjacentes enunciadas anteriormente, sua formalização é feita com base na memória pessoal.[136] A memória é episódica e normalmente organizada em volta de experiências pessoais, e não de categorias semânticas; sendo assim, a formalização e a conceituação de seus conteúdos poderão ser suportadas através da representação de pequenos eventos.[137]

Toda organização, à medida que evolui, acumula uma série de experiências, casos e aprendizados associados à experiência adquirida pelas equipes e líderes enquanto em ação nas operações e projetos. Desafios técnicos, de mercado e de gestão, são superados e, muitas vezes, acabam embutidos nos processos operacionais, documentos, softwares e patentes da organização. Esse tipo de conhecimento explícito, no entanto, não traz consigo os contextos, valores e as histórias pessoais que ajudaram na evolução da organização. Histórias, por sua vez, são ricas em todos esses elementos e têm permeado a vida das organizações. Toda organização tem suas histórias de guerra, seus heróis e visões de mundo construídas a partir de pequenas ou grandes anedotas que se transmitem diariamente e perpetuam o ethos da organização.[138]

A descrição vaga de elementos é, no fundo, um conjunto de eventos, que quando reconstruídos constituem uma história. Assim, pode-se afirmar que a reconstrução de eventos não é mais do que um passo na passagem do conhecimento tácito a explícito, sendo o método do *Storytelling* a forma mais simples e natural de o realizar.[139] É precisamente na passagem de conhecimento tácito a explícito que as organizações encontram um grande desafio.[140]

No contexto da Gestão do Conhecimento, além de uma certa frustração com grandes projetos de codificação e transferência de conhecimento por meio de tecnologia da informação, há um reconhecimento da importância crucial das histórias para a transferência de conhecimentos complexos, contextos, *weltanschauung* (visão de mundo) e valores culturais.[141]

## *O MESTRE E O JOVEM ARROGANTE*

*O mestre sufi Junaid estava trabalhando com um jovem. O rapaz não tinha consciência da sabedoria de Junaid, que vivia uma vida absolutamente comum. Apenas olhos muito perspicazes poderiam perceber que se estava perto de um grande sábio.*

*Junaid estava trabalhando como operário e era uma pessoa comum em todos os aspectos. O jovem que trabalhava com ele criti-*

cava-o constantemente, exibindo seus conhecimentos, e a qualquer coisa que Junaid fizesse, ele dizia:

– Está errado! Pode ser feito de outro modo. Não é assim que se faz.

Ele sabia tudo, até que finalmente Junaid riu e disse:

– Desculpe-me, rapaz. Não sou tão jovem para saber tanto!

## Notas

[106] Ward e Sbacea.
[107] Nonaka, 1995 citado por Silva, 2006.
[108] Ballone, 2002
[109] César Romão, 2000.
[110] César Romão, 2000.
[111] César Romão, 2000.
[112] César Romão, 2000.
[113] Pelow citada por Salmon, 2008, pp. 48-49.
[114] Pelow citada por Salmon, 2008, pp. 48-49.
[115] Salmon, 2008, pp. 47-48.
[116] Christian, 1999, p. 248.
[117] Christian, 1999, p. 55.
[118] Charandeau, 1996, citado por Christian, 1999, p. 55.
[119] César Romão, 2000.
[120] Terra, 2009.
[121] Zumthor, 1983:32, citado por Matos, 2005, p. 78.
[122] Zumthor, 1983 citado por Matos, 2005, p. 71.
[123] Zumthor, 1983 citado por Matos, 2005, p. 71.
[124] Hindenoch, 2001:46, citado por Matos, 2005, p.75.
[125] Ong, 1998, citado por. Matos, 2005, p. 78.
[126] Zumthor, 1983:193.
[127] Zumthor 1983:193 citado por Matos, 2005, pp. 69.
[128] Zarcate citada por Matos, 2005, p.79.
[129] Zumthor, 1983:233 citado por Matos, 2005, p. 82.
[130] Matos, 2005, p. 85.
[131] Schank, 1982 citado por Silva, 2006.
[132] ISchank, 1982 citado por Silva, 2006.
[133] Nonaka, 1995 citado por Silva, 2006.
[134] Freire, 2001 citado por Silva, 2006.
[135] Carminatti, 2005 citado por Silva, 2006.

[136] Perret, 2004 citado por Silva, 2006.
[137] Schank, 1982 citado por Silva, 2006.
[138] Terra, 2009.
[139] Carminatti, 2005 e Perret, 2004 citados por Silva, 2006
[140] Carminatti, 2005 e Perret, 2004 citados por Silva, 2006.
[141] Terra, 2009.

## *Usando os Recursos*

Algumas pessoas discutiam se alguém conseguiria subir ao topo de certa árvore muito alta.

Nasrudin as desafiou:

– Se eu conseguir subir, vocês me darão uma moeda cada um. Caso não consiga, darei uma moeda a cada um de vocês.

A aposta foi feita. Então, o mulá falou:

– Tragam-me uma escada bem alta.

– Mas – os outros objetaram – não havia nada em nossa aposta que mencionasse uma escada!

– Certo – retorquiu Nasrudin. – Havia algo dizendo que eu deveria subir ao topo da árvore sem uma escada?

E embolsou todas as moedas.

# Sugestões de Práticas

## O Ateliê Contos e Caminhos Iniciáticos inspirando trabalhos na empresa

Como já foi dito reiteradas vezes ao longo desse trabalho, a história e o conto tradicional podem ocupar muitos espaços dentro de uma organização. Podem fazer parte de um processo formativo, de uma reunião, de encontros constituídos para promover a integração de equipes e lidar com conflitos; é possível ainda que venham a fazer parte como elemento básico de um processo de construção da memória coletiva em um processo de gestão do conhecimento. E, por fim, também podem se inserir naturalmente, aos diálogos e negociações, no horário do expediente ou fora dele. As histórias e os contos tradicionais têm uma capacidade surpreendente de circular, vitalizar, despertar.

Neste tópico, apresento a experiência construída no Ateliê Contos e Caminhos Iniciáticos, como inspiradora de possibilidades de intervenção em momentos formais dentro da organização, especialmente aqueles dedicados a trabalhar a subjetividade de seus trabalhadores.

O Ateliê utiliza o conto tradicional como indutor no processo de construção de uma nova narrativa, carregada de sentido, em torno da própria história.

Um indutor pode ser uma palavra, uma expressão, uma situação, uma imagem, uma música, um relaxamento ou um conflito, por exemplo. Sua função é provocar a narrativa.

As narrativas provocadas por indutores possibilitam ao indivíduo emergir de si, ao mesmo tempo em que organiza seu texto.

Elas não são puramente cerebrais, pois envolvem emoções, sentimentos e propiciam uma autoprojeção em diversas dimensões.

- A empresa pode utilizar o conto tradicional como indutor para a construção de histórias criadas em torno de situações do interesse da organização.
- No Ateliê, o objetivo da construção da própria história, a partir do indutor "contos tradicionais", é o autoconhecimento.

Na empresa, as histórias criadas a partir de indutores, têm por objetivo:

- "Tomar o pulso" dos empregados sobre questões ligadas à confiança; satisfação com a empresa ou com determinado projeto de trabalho; valores; cultura e mudanças, possibilitando às lideranças reformularem as políticas organizacionais.
- Estimular a construção de laços de companheirismo, solidariedade e confiança em um grupo de trabalho; ou o espírito de comunidade entre os membros de uma organização.
- Sistematizar a troca de conhecimentos e experiências nos processos de gestão do conhecimento.

## As técnicas I e II têm os contos tradicionais como indutores

### ■ Técnica I – A Charrete

**O objetivo** deste exercício é abrir espaço para que todos possam se manifestar.

A manifestação de forma indireta, ou seja, falando através de um personagem, protege o participante. Ele não estava se expondo, afinal, "é o personagem quem fala".

Espera-se com esse exercício que os participantes possam ampliar sua percepção em relação à abordagem de uma determinada temática e – se esta é configurada como um problema – às suas possíveis soluções.

Na primeira parte do exercício, as ideias devem fluir livres de censura. Cada representante deve dizer o que lhe vem à cabeça sem pensar se está bom ou ruim; o importante é dar continuidade à história.

Na segunda parte, já se requer uma atitude analítica, quando se relaciona pontos importantes que serão utilizados na construção de uma nova versão da história.

Ou seja, esse exercício, que convida os dois hemisférios cerebrais a participarem da brincadeira, contribui para que valores, dificuldades, impasses, satisfações e insatisfações sejam explicitados.

Os melhores contos para este exercício são aqueles onde aparecem personagens numa situação de conflito. Abaixo, um conto como exemplo.

## A CHARRETE

*Um homem encontrou em seu caminho uma charrete virada, que atrapalhava a passagem. O camponês que conduzia a charrete pediu ao viajante que o ajudasse a colocar a charrete no lugar.*

*"Como é que apenas dois homens poderiam virar uma carga tão pesada como essa charrete?", pensou o homem, e então disse ao camponês:*

*– É inútil... Eu não posso.*

*O camponês ficou furioso e disse-lhe:*

*– Você pode, mas não quer! Esta é a verdade: você não quer!*

*Tocado pelo que dissera o camponês, o viajante pôs-se ao trabalho. Procurou umas pranchas e ajudou o charreteiro a deslizá-las sob as rodas. Depois, servindo-se de uma alavanca, os dois homens conseguiram levantar a charrete. O camponês afagou os bois e, depois de colocar a carga novamente no lugar, preparou-se para continuar seu caminho.*

*O viajante então disse ao camponês:*

*– Posso seguir um pouco do caminho ao seu lado?*

*– Com prazer!*

*Começaram a andar lado a lado. Depois de um momento de silêncio, o viajante perguntou:*

*– Como você pôde pensar que eu não queria ajudá-lo?*

*– Eu pensei, porque você disse que não podia. Ninguém sabe se não pode fazer algo antes de tê-lo tentado.*

*– Mas como você pôde pensar que eu poderia fazê-lo?*

*– Assim que percebi que você havia sido colocado no meu caminho!*

*– Então você acredita que sua charrete virou exatamente no momento que eu passava apenas para que eu pudesse ajudá-lo?*

*– E por que outra razão seria meu irmão?, respondeu o camponês.*

**Passo a passo:** Um conto tradicional que aborda a temática que se quer trabalhar é distribuído e as instruções são dadas:

O grande grupo é dividido em subgrupos de quatro participantes. Após a leitura do conto dois participantes assumem o lugar do viajante e dois do charreteiro.

- **1º passo:** Os dois participantes que se colocam no lugar do viajante, falam na primeira pessoa, um vai completando a ideia do outro como se os dois fossem a mesma pessoa. Contam sua história (do viajante): de onde vinha, para onde ia, o que pretendia fazer quando encontrou o charreteiro, conta por que não se dispôs a ajudar o charreteiro logo de início, etc...

Exemplo: Mostramos como duas vozes podem construir uma única história improvisando as falas que complementam as ideias de um e de outro. No caso, é a história do viajante. O mesmo será feito para o charreteiro. Em determinado momento da história, as coisas mudam de rumo, como no conto.

Uma das vozes é representada em itálico e a outra, em cursiva.

"Saí de casa muito cedo e quando encontrei o charreteiro já estava cansado de viajar. *Estava cheio de preocupações e mal podia ver o que se passava à minha volta.* Na verdade, pouco me interessei pelo charreteiro. *Eu sou um viajante, não um carregador de peso e não estava disposto a ajudar o charreteiro porque isso não me dizia respeito*. Eu já tenho coisas de sobra a fazer e não posso ficar por aí ajudando alguém que nem conheço. *Eu tenho um grave problema de coluna, não podia pegar peso*. Estava em cima da minha hora....

Mas.... /de repente..../ algo me disse que seria melhor..../

- **2º passo:** Os outros dois participantes se colocam no lugar do charreteiro, e repetem a fórmula.

- **3º passo:** Os quatro agora relacionam as características do viajante e do charreteiro que apareceram nas vozes de seus representantes. Exploram os porquês de suas atitudes, escolhas, sentimentos e pensamentos. Isso ajuda a ampliar a compreensão sobre o que realmente se passou. Fazem uma lista dos pontos fracos e fortes de cada personagem e constroem uma nova versão da história, esclarecendo a trama a partir desses pontos, que será contada ao grande grupo e na terceira pessoa.

Exemplo de como se pode começar uma nova versão de conto:

*Certa vez, um viajante e um charreteiro encontraram-se no meio de um caminho. O viajante vinha de longe e já estava muito cansado e precisando chegar logo ao seu destino. Na verdade, ele não era muito disponível quando se tratava de colaborar com pessoas com as quais não tinha muito contato...*

- **Técnica II – Brasão**

Para construir este exercício, inspirei-me num costume verificado em algumas sociedades antigas e que me parece muito interessante. Quando um jovem completava seus 15 anos, era levado ao conselho dos sábios onde deveria dizer quais eram os seus talentos e como poderia colocá-los a serviço de sua comunidade. Podemos dizer que nesse costume está a perfeita compreensão de como os sistemas vivos funcionam. Nestes, as "partes" com suas funções específicas estão a serviço do "todo".

**O objetivo** deste exercício é construir o espírito de comunidade. Uma comunidade tem interesses comuns, códigos comuns, sentimento de pertença, desenvolve laços afetivos e de confiança, compartilha conhecimentos, informações, emoções, valores, saberes, que enriquecem a todos.

Em uma comunidade, o saber, os talentos e as aptidões de cada membro são importantes. Portanto, todos contribuem igualmente para que sua comunidade seja sólida, dinâmica, harmônica e rica.

**Passo a passo:** O grupo recebe o conto cuja temática trata de experiências, aprendizagens e talentos levando à realização de um objetivo. Este conto ajuda a aquecer o grupo, ao mesmo tempo em que pode inspirar e descontrair, preparando para o exercício. Abaixo, apresentamos o conto *O Tesouro de Bresa*, que pode ser utilizado.

- **1º passo:** Os participantes, cada um por sua vez, são encorajados a compartilharem no grupo suas experiências de vida, aprendizagens e talentos, que consideram importantes para seu grupo de trabalho. Ao final da exposição, devem encontrar um símbolo que resuma tudo isso. Exemplo: Um participante cuja história de vida narrada no grupo mostra o trabalho como um valor central, pode sugerir um favo de abelha como seu símbolo pessoal.

- **2º passo:** Depois que todos os participantes já narraram suas histórias e encontraram seus símbolos (o que pode acontecer com a ajuda do grupo). O símbolo é desenhado, colorido, recortado e irá compor o brasão do grupo, confeccionado por todos os participantes. Pode-se dar um nome ao brasão, composto com a primeira letra do nome de cada participante.

- **3º passo:** Uma história inspirada pelo conto (ficcional ou baseada em eventos reais da empresa) pode ser criada pelo grupo. Ela será anexada ao brasão da comunidade, equipe, ou grupo de trabalho, como se queira, e junto com ele constituirá um elemento de identidade do grupo.

## O TESOURO DE BRESA

*Na antiga Babilônia, existiu certa vez um alfaiate chamado Enedin.*

*Enedin tinha uma grande obsessão na vida. Ele ouvia tantas histórias de aventuras e de tesouros ocultos nas entranhas da terra, que se tornara um obsessivo com a ideia de um dia descobrir um grande tesouro.*

*Dia após dia, enquanto passava a agulha pelos seus panos, pensava: "Ainda hei de encontrar um tesouro e me tornar o homem mais rico da Babilônia".*

*Enedin sonhava com palácios, dançarinas, objetos de ouro e todas essas coisas que o desejo costuma sugerir ao homem.*

*Acontece que, um dia entre muitos outros, Enedin disse a si mesmo: "Agora chega de pensar em tesouros. É preciso fazer mais que pensar: é preciso ter ação. A partir de hoje, vou colocar uma firme intenção nesse propósito".*

*Vocês sabem: quando alguém deixa de apenas desejar e decide firmar uma intenção, os céus começam a conspirar a favor, porque os anjos têm uma preferência explícita pelas pessoas determinadas.*

*Foi assim que veio bater à porta do pobre alfaiate Enedin um mercador ambulante, desses que carregam todo tipo de quinquilharias e preciosidades, joias, tecidos finos, objetos que brilham, tapetes raros... Entre outras coisas, o mercador trazia um livro muito antigo, com caracteres estranhos.*

*Enedin remexeu em tudo que lhe expôs o mercador, até que colocou os olhos no velho livro. Ficou imediatamente fascinado. Na verdade, ele não sabia do que se tratava, mas queria aquele livro e perguntou o preço.*

*O mercador também não sabia do que se tratava, nem se lembrava de como aquele livro viera parar entre suas preciosidades. Mas era bom comerciante e, vendo o interesse do freguês, não teve dúvidas: colocou em prática a arte de comercializar.*

*– Este é um livro raríssimo. Na verdade, nem tenho interesse em vendê-lo, mas, já que você se interessa tanto, o mínimo que posso pedir por ele são três moedas de ouro.*

*Ah... Três moedas de ouro? Isso era uma fortuna para o pobre Enedin, que fez uma oferta mais modesta: duas moedas de prata.*

*Bem, o mercador não deixaria passar a oportunidade de ganhar alguma coisa e, depois de muitas queixas e de dizer que estava deixando de graça a mercadoria, resolveu aceitar a oferta.*

*Negócio feito, o mercador se foi, e Enedin recolheu-se com sua preciosidade. Abriu o livro na primeira página. Era um a língua estranha, e somente depois de vários dias tentando, com grande esforço, Enedin conseguiu decifrar o titulo: "O segredo do tesouro de Bresa".*

*Ah, meu Deus! Então aquele livro falava de um tesouro?!!! Ele tinha conseguido. Mais abaixo, podia-se ler: "O tesouro de Bresa, enterrado na montanha do Harbatol por um gênio, contém a maior fortuna jamais vista pelos olhos humanos. Ali ficará oculto, até que alguém com esforço próprio possa descobri-lo".*

*Harbatol? Montanhas do Harbatol? Ninguém nunca ouvira falar nessas montanhas... Enedin decidiu que iria descobrir o enigma, custasse o que custasse.*

*As primeiras páginas eram escritas em línguas diferentes, e, para compreendê-las, Enedin passou três anos estudando os hieróglifos egípcios, a língua dos caudeus, o fenício e o hebraico. Aprendeu todas com perfeição.*

*Ao final dos três anos, como ele era o homem que mais línguas falava na Babilônia, o rei convidou-o para ocupar um cargo de interprete no palácio. E foi assim que o pobre alfaiate deixou sua cabana e passou a morar numa casa grande e confortável.*

*Mas as próximas páginas do livro eram cheias de fórmulas matemáticas muito complexas e para as decifrar, Enedin precisou estudar os cálculos mais sofisticados. E, assim, tornou-se, depois de algum tempo, um especialista em matemática, aritmética, geometria, física e desenho.*

*Eis que, nesse momento, uma ponte deveria ser construída sobre o rio Eufrates. Era uma obra arrojada, e no reino só havia uma pessoa que conhecia profundamente de cálculos para projetá-la: era Enedin. Chamado para a tarefa, ele a realizou com primor e ficou conhecido como o homem mais habilidoso de toda a Babilônia. O rei, naturalmente, convidou-o para ocupar o cargo mais importante, o de primeiro-ministro.*

*Enedin deixou a casa grande e confortável e mudou-se para um palácio ainda maior e mais confortável.*

*Mas Enedin não deixava de pensar na emoção que teria ao colocar os olhos no tesouro de Bresa.*

*Acontece que as outras páginas do livro, para serem compreendidas, requeriam conhecimentos de leis, de história dos povos e de religiões.*

*Enedin aplicou-se tanto nesse estudo, que passou a ser conhecido como doutor em assuntos jurídicos, quando foi chamado a resolver uma antiga pendência do reino e, em questões de minutos, chegou ao melhor julgamento para ambas as partes.*

*O rei, encantado, convidou Enedin para ocupar o cargo de conselheiro-mor do reino. Enedin ganhava um salário de 200.000 moedas de ouro. Era o que se pode chamar de "um homem rico" e tinha tudo o que qualquer pessoa interessada nos prazeres materiais desejaria.*

*No entanto, não esquecia o tesouro. Havia chegado ao final do livro e não conseguira descobrir onde ficavam as montanhas do Harbatol.*

*Um dia, enquanto caminhava pelos jardins de seu palácio, em companhia de um velho monge, contou-lhe de sua angústia, de tudo que fizera para descobrir o tal tesouro de Bresa, da alegria que teria ao colocar os olhos naquela fortuna.*

*O velho monge, bem à maneira dos sábios anciãos, deu uma boa gargalhada e disse a Enedin:*

*– Ora, meu amigo, mas você já descobriu o tesouro de Bresa. Em língua arcaica, Bresa significa "saber", e Harbatol significa "trabalho e esforço próprio". Com trabalho, esforço próprio e saber, você descobriu o único tesouro que vale a pena.*

### ■ Técnica III – Construção da história coletiva

Este exercício dirige-se ao grupo envolvido na execução de um projeto. Ele serve como aquecimento para a construção de histórias que poderão ser recolhidas como fonte de aprendizado em gestão do conhecimento.

**O objetivo** é trabalhar a consciência da coparticipação de todos na construção dos eventos organizacionais.

**Passo a passo:** Os participantes assentam-se em círculo. O coordenador escolhe alguém para iniciar contando uma história conhecida de todos. Em determinado momento, o coordenador passa a palavra a outra pessoa, para que continue a contar a história. Esta tem que continuar partindo da última palavra dita pelo antecessor.

No segundo momento, os participantes que quiserem poderão recontar uma parte da história que foi contada por outro participante, acrescentando ou subtraindo elementos. Nesse caso, quem reconta dirá: "Foi assim, mas... também assim..."

- **Técnica IV – Contar uma história a partir de imagens**

Este exercício, para ser desenvolvido com o grupo envolvido na execução de um projeto, fornece aos participantes elementos que podem ajudá-los a externar seu conhecimento tácito. O grupo todo deverá produzir a história final considerando nela todas as experiências e pontos de vistas sobre o que se passou durante a execução do projeto relatados pelos participantes.

**O objetivo** é fornecer elementos que introduzam a linguagem metafórica contribuindo para a rememoração de cada etapa do projeto possibilitando a todos a apresentação de sua experiência na execução do mesmo.

- **1º passo:** O grande grupo é dividido em subgrupos de 3 participantes. Revistas com muitas imagens são distribuídas nos subgrupos. Cada participante deverá selecionar uma imagem para representar sua visão de um determinado problema (que já foi previamente selecionado para o trabalho), uma imagem para o contexto em que este se deu e outra para a solução encontrada.

- **2º passo:** Cada um explica aos outros dois o porquê de suas escolhas.

- **3º passo:** Os participantes fazem um levantamento dos pontos comuns entre as três explicações e constroem com elas uma história do subgrupo, para ser narrada no grande grupo.

- **4º passo:** A história construída pelo subgrupo deverá ser contada no grande grupo usando os recursos próprios da *performance* da oralidade.

Obs.: Como uma variante desse exercício, pode-se construir uma mesma história no grande grupo e, a seguir, os subgrupos preparam uma forma de contá-las: cômica, trágica, interativa, intimista, etc.

## ■ Técnica V – Palavra *versus* Eco

O que estamos considerando como "palavra" é a expressão do experimentado, do vivido.

A "palavra" de cada um é carregada de sentido e se configura não apenas na voz, mas também em todo o corpo.

A "palavra" encanta, quando é genuína, construída com a experiência pessoal, essa matéria-prima única com a qual se tecem as histórias.

O eco, ao contrário, é a reprodução do discurso alheio. Resultado da falta de conexão com as próprias experiências, como geradoras da "presença" que encontramos numa "palavra" que encanta.

A matéria-prima que dá à "palavra" é:

- Memória sensorial.
- Reminiscências.
- Símbolos.
- Histórias vividas e ouvidas.
- Reflexões filosóficas.
- Aprendizagens advindas da relação com o outro.
- Estimulação dos sentidos.

**O objetivo** desse exercício é fazer com que cada participante possa entrar em contato cm suas experiências de vida e compartilhá-las com seus colegas.

Vários indutores podem ser utilizados: provérbios, perfumes, hai-kais, texturas, cartões postais, etc. Todos esses indutores ajudam a reunir elementos para a construção da história pessoal. Eles são entregues ao grupo com uma instrução. Por exemplo:

Hai-kais: entregar uma caixinha contendo vários hai-kais em pequenos cartões, que serão tirados na sorte por cada participante. Quando todos retirarem o seu, discute-se sobre o que há de comum na temática entre todos eles. A partir daí, cada participante compartilha com o grupo sua relação com essa temática.

Obs.: Os hai-kais são previamente selecionados por temas, o que não deixa dúvida nos participantes em identificar estes temas: natureza, noite, amor, etc.

As instruções são formuladas de acordo com as intenções do coordenador do exercício.

## *Adivinha?*

Um gaiato encontrou Nasrudin. Levava um ovo no bolso: "Diga-me, mulá, você leva jeito para brincadeiras de adivinhação?"

– Algum, disse Nasrudin.

– Muito bem. Então me diga o que tenho no bolso?

– Dê ao menos uma pista.

– Tem a forma de um ovo, é amarelo e branco por dentro e parece um ovo.

– Algum tipo de bolo, disse Nasrudin.

# Conclusão

Para concluir, colocamos lado a lado:

- Um mundo em mutação acelerada já se norteando por um novo paradigma e um ser humano em busca do sentido da vida.
- O mundo das organizações, com suas lideranças sendo chamadas a desenvolverem novas habilidades e os contadores de histórias com seus contos e sua experiência podendo contribuir com os líderes dessas organizações.

Ao longo dos últimos séculos e mais rapidamente nas últimas décadas do século XX, as ações do homem sobre o planeta tomaram um rumo temerário. O esgotamento das riquezas naturais de forma irracional, o esgarçamento das relações humanas em todos os seus níveis, o individualismo exacerbado que levou a expressões de um egoísmo assustador, entre outros.

A crise econômica não pode ser vista isoladamente. Ela faz parte desse tabuleiro de xadrez e é o reflexo do desequilíbrio que afeta, por igual, a todas as criaturas e a todos os setores da vida. Em sua base encontramos a exploração da natureza, mas também a exploração do homem pelo homem tornando desumanas as relações.

Hoje, toda conversa sobre a busca do sentido da vida já não pode mais ser concebida como retórica de filósofos, de místicos ou de poetas. Ela nos devolve uma verdade que andava esquecida e que os contadores de histórias ajudam a trazer de volta: a de que todos temos um destino comum. E isso inclui não apenas a sociedade humana, mas também, todos os reinos naturais.

O homem atual vem tomando consciência dessa e de outras verdades milenares que se expressam cada vez mais fortemente através dos movimentos ecológicos, de proteção da fauna e da flora, das ações afirmativas e de inclusão social, da busca pela sustentabilidade, entre tantas outras que pipocam aqui e ali.

No final das contas todas essas manifestações apontam claramente para um novo paradigma que, aliás, já está entre nós. Nele podemos identificar um dos motores que vem movimentando as mudanças a que vimos assistindo.

Certamente, as regras do jogo serão outras, para os seres humanos que vem chegando agora e para os que, já estando aqui, logo estarão no comando do mundo. As novas gerações já o expressam através de suas relações com a escola, família, hábitos de consumo e com os seus sonhos.

Isso não é um palpite de futurologia, mas uma observação dos fatos. Tudo leva a crer que num futuro, talvez mais próximo do que se possa imaginar, a dimensão da existência privilegiando o "ter" não será suficiente ao novo homem. Até por uma necessidade de sobrevivência, pois o próprio planeta já clama pela sua transformação nessa direção. Ele será impulsionado a integrar a dimensão do "ser" em sua busca pelo sentido da vida e pela experiência da totalidade.

"Sagrado e Profano", voltariam, então, a ser duas faces da mesma moeda, com o homem retornando ao seu lugar de cocriador no cosmos? A ideia de cosmos é usada aqui intencionalmente. O seu conceito, que está relacionado à ideia de sagrado, é diferente do conceito de natureza. No cosmos tudo está interligado e é interdependente.

Ao que tudo indica, a transformação necessária do homem se dará essencialmente através da exploração e do desenvolvimento de sua própria capacidade criadora. O ato de criar está intrinsecamente ligado à dimensão do "ser", pois criar é dar forma a conteúdos internos que podem se expressar tanto em uma obra de arte, quanto na construção de novos projetos de mundo.

Ao que parece, chegamos ao século XXI confirmando uma profecia de André Malraux, quando ministro dos assuntos culturais da França, proferida em Brasília no dia 24 de agosto de 1959: **"O século XXI será religioso ou não será"**.[142]

Proponho uma leitura do termo: "religioso" dito pelo ministro, não como uma expansão de "seitas religiosas", mas com o sentido de "religação". E o "não será" no sentido de: "pode tudo se tornar muito difícil", condições climáticas desfavoráveis, recursos naturais em extinção, insurgências, aumento da violência urbana, por exemplo.

De forma alguma a lembrança dessa profecia pretende sugerir que o mundo organizacional tome para si uma "missão religiosa". O consultor Dominique Christian, que também recorre a essa fala de Malraux, relacionando-a com a virulência das religiões em sua cegueira evangélica, com os sectarismos e a proliferação dos gurus, comenta que "infelizmente" Malraux tinha razão. Christian propõe que a empresa seja um espaço de distanciamento desses fenômenos: "Certamente que não é missão da empresa se misturar com a gestão do sagrado, mas não seria o caso dela permanecer numa neutralidade ativa, ao risco de ser acusada de não assistência à civilização em perigo?"[143]

O sentido de "re-ligare" que se propõe, aqui, como leitura da profecia difere da perspectiva do consultor, pois diz respeito ao sagrado sim, não como expressão religiosa, mas como busca de sentido, ou seja, uma intenção voltada para ações responsáveis em relação à natureza e ao ser humano. Afinal estamos todos no mesmo barco.

Todo o movimento que a entrada das narrativas no mundo organizacional tem provocado poderia ser visto, sob um ângulo mais amplo, como diz Polkinghorne: "O esquema narrativo age como um prisma através do qual os elementos aparentemente independentes e desconectados da existência são vistos como as partes religadas do todo".[144]

Portanto, a escolha da profecia para finalizar este livro tem a **intenção primeira** de marcar sua atualidade usando-a como uma das muitas traduções para: **Um mundo em mutação acelerada já se norteando por um novo paradigma e um ser humano em busca do sentido da vida.**

A **intenção Segunda**, de tê-la citado é o fato de ser parte de um discurso no qual o ministro saúda a audácia, a confiança e o destino do Brasil. Gostaria de usá-la para pensar sobre: **O mundo das organizações, com suas lideranças sendo chamadas a desenvolverem novas habilidades e os contadores de histórias com seus contos e sua experiência podendo contribuir com os líderes dessas organizações**.

Voltemos ao consultor Christian que comenta: "Autores razoáveis lembram que a razão primeira da empresa é a econômica, e que é urgente não confundi-la com o político, as regras, os valores e o sentido da vida coletiva. Para dar razão a esse propósito, em conivência com ele, muitos atores das empresas manifestam continuamente seu desprezo pela dimensão ética. A empresa, apesar de todos os seus esforços de acrescentar valor ao patrimônio dos acionistas, não pode mais reduzir sua existência à preocupação com a produção de riquezas. Ela é também produção de relações sociais, jogos de poder e lógica dos atores".[145]

As organizações, que já reprogramaram sua rota e estimulam a fluidez no processo criador em todos os seus níveis já apresentam novas estratégias de mercado, até bem pouco tempo desconhecidas ou impensáveis, e que consideram essas novas pautas.

Tais empresas além de estarem inseridas positivamente neste mundo em franca mutação entendem que são a resultante da participação ativa de seus empregados. Esses que, por sua vez, estão inseridos no mesmo contexto que eles, e ao mesmo tempo em que sofrem ou desfrutam das mudanças que vem ocorrendo, as provocam.

Deveríamos acreditar que há muitas perspectivas mais, que nem imaginamos ainda, mas que já estão a ponto de tornarem visível o invisível e que trarão outras demandas e outras respostas ao mundo das organizações.

Os espaços sociais de toda e qualquer natureza, deverão, inevitavelmente, oferecer ao ser humano as condições para que sua expansão criadora seja possível, e se não o fizerem, será a custo de desaparecerem. Simplesmente não dá para remar contra a corrente.

Nesse efervescente caldeirão o mundo das organizações terá que marcar presença, reconhecendo sua importância no contexto geral. Como disse D. Christian: "O mundo das organizações, da empresa, pode ser uma das instâncias sociais que resistiu ao desmoronamento em curso dos sistemas simbólicos, das identidades coletivas e individuais. Tendo que, por isso, considerar seriamente a qualidade de vida no trabalho e as relações de confiança".[146]

Nesse caldeirão, a "era da narrativa" vem marcando presença entre as mudanças que agora já reconhecemos consolidadas. E mal revelou todo o seu espectro de possibilidades, como a democratização dos saberes, por exemplo, já nos deparamos com novas surpresas.

O partilhar de experiências de vida entre os indivíduos anônimos é obra da "era da narrativa" e avança rapidamente com as novas tecnologias da informação. O *storytelling* é uma evidência disso. "Os blogs pessoais também seriam espaços de *storytelling*, os bloggers seriam os contadores de histórias digitais. (...) O *storytelling* digital é o ato de contar histórias transposto para mídias digitais, como a Internet. Na Europa e nos EUA, o *storytelling* digital transforma-se em um ato de criação artística individual e de exposição pública cada vez mais comum na Internet. Através de um *storytelling* em formato digital, com imagens e vídeos caseiros ou, cidadãos até então desconhecidos produzem e têm suas histórias pessoais divulgadas em um mesmo site."[147]

Para Joe Lambert o *storytelling* tem um papel importante nas sociedades contemporâneas pois "ouvir, coletar e compartilhar histórias de vida são elementos críticos dentro do processo de democratização".[148]

No Brasil, o Museu da Pessoa, que faz parte de uma rede internacional para registro e presença de histórias de vida, foi fundado em São Paulo em 1991. Seu objetivo é construir uma rede internacional de histórias de vida.[149]

Mas outra aurora, que seria um desdobramento da "era narrativa" já se anuncia. É a "era do sonho". Além de narrar bem agora precisamos sonhar bem!

A "era do sonho" é um novo modelo de sociedade apresentado pelo futurólogo dinamarquês Rolf Jensen, diretor do *Copenhagen Institute for Futures Studies* e autor do livro *The Dream Society*.

Em 2001 ele fundou a *Dream Company Ltda*., onde dirige o "Departamento da Imaginação", cujo objetivo é persuadir a maioria das empresas mundiais de que estamos a caminho de passarmos de uma sociedade a outra. Em 2001 sua previsão, que apontava para o ano de 2010, dizia que estaríamos entrando num próximo estágio fundamental de desenvolvimento da sociedade. Esta é "a era do sonho".

"A sociedade do sonho mostra que uma cultura de consumo como a nossa, conta histórias através dos produtos que compramos, dos transportes, dos lazeres, das férias, do interior de nossas casas (...) na sociedade do sonho, nosso trabalho será dirigido pelas histórias e emoções."[150]

A "era dos sonhos" se manifestará em cada área, de acordo com suas particularidades e parece já estar por aí, confirmando as previsões do futurólogo. Como não é novidade, a arte sempre foi e continua sendo a primeira instância a intuir e dar forma aos fenômenos que só mais tarde serão visíveis em todas as outras áreas. Por isso uma informação interessante: A artista plástica Marlette Menezes, que jamais ouviu falar do futurólogo, há alguns anos vem desenvolvendo o projeto: "jardim dos sonhos", com um acervo que cresce rapidamente. A artista convida as pessoas a darem forma a seus sonhos em um objeto que será exposto numa instalação: "o jardim dos sonhos". O entusiasmo das pessoas em participar desse projeto é revelador de sua sede de compartilhar seus sonhos.

Os líderes têm um papel substancial na condução positiva dos eventos de sua organização e deverão inseri-la cada vez mais nos valores dessas novas eras. A construção de sentido talvez seja um dos valores mais importantes e que não pode ser negligenciado na atualidade.

"O relato [narrativa] permite o encontro do indizível, do inominável, do anjo e da besta. Para que o pensamento, a ordem de sentido, se torne efetivo, é preciso uma transformação narrativa, que permita ao sujeito escutar."[151]

Para os contadores, fieis ativistas dessas transformações, se o olhar se volta para as antigas tradições é porque, longe de estarem empoeiradas, elas nos trazem o frescor das origens e mostram ao homem que ele tem o lugar de cocriador do mundo e deve ocupá-lo.

As narrativas, sejam de contos, sejam de histórias factuais, como são as criadas no contexto organizacional permitem a construção de sentido. Isso só já é suficiente para atestar a necessidade de o líder mergulhar nos propósitos da "era da narrativa", mas, além disso, ainda se requer dele uma competência comprovada na transmissão oral que envolve a relação pessoa a pessoa o que diz respeito à sua eficiência como comunicador.

É aqui que ele poderá aprender com a experiência do contador de histórias. Diz Denning: "Quando o líder interativo começa a falar, a narrativa é parte da apresentação e, como ocorre em todas as oportunidades em que se conta uma história face a face, as reações do público são centrais. O contador de histórias deve estar necessariamente atento a essas reações, uma vez que elas são indicadores fundamentais de receptividade da mensagem".[152]

O consenso é cada vez maior em torno da idéia de que saber contar histórias é um componente-chave na competência de um líder na gestão.

"Quando o líder interativo incentiva a audiência a reagir, a descontração terá criado um clima de possibilidade. Passa a ser plausível para o público não apenas fazer sugestões ou perguntas dentro do assunto em pauta, mas também contar suas próprias histórias, que poderão partir de pressupostos diferentes daqueles do líder. Dessa forma, o debate poderá ampliar-se a áreas que, de outra forma, seriam impossíveis de abordar. Em consequência, o que começa como uma simples conversa entre líder e seus subordinados pode, repentinamente, transformar-se em oportunidade para novas ideias, possibilidades, criatividade e inovação."[153]

A contribuição do contador de histórias ao novo líder é inquestionável tanto na experiência do saber dizer, saber falar, saber comunicar, quanto no que seus contos podem ensiná-lo sobre a "arte de liderar".

Para finalizar voltamos ao discurso de Malraux, lembrando sua saudação à audácia, à confiança e ao destino do Brasil. Juntando a esta uma importante observação de Cesar Romão: "Devemos parar de ser assimilativos de modelos 'importados' e ser mais criativos e construir os nossos próprios modelos de expansão e administração".[154]

Quando se pesquisa o assunto do *storytelling* percebe-se facilmente a grande influência do pensamento americano na construção dessa nova ferramenta de gestão. É compreensível que, por ter aparecido naquela sociedade esteja naturalmente impregnada de seus valores e que certos traços próprios dela favorecessem o seu desenvolvimento, como por exemplo o foco no sonho americano e um sentido idealizado do possível, que poderíamos traduzir no conhecido: **Eu quero, eu posso** dos gurus da autoajuda. Na base da construção do *storytelling* como projeto inovador de gerenciamento pode-se identificar, portanto, o pragmatismo tão particular dessa sociedade.

Não há problema algum em se aprender com a experiência que vem sendo desenvolvida desde os anos 1990 naquele país. Aliás, o mundo das organizações já é totalmente globalizado e o conhecimento vindo de outras culturas é altamente enriquecedor.

Mas não podemos nos esquecer de que somos um país com grande desenvoltura nas habilidades narrativas. O Brasil é um país que comunica. Essa é uma característica das mais relevantes do nosso povo. O que deveria nos encorajar a experimentar o modo brasileiro de usar as narrativas como ferramentas de gestão e, também, de "exportá-las" ao invés de importá-las prontas e bem concebidas para utilização em outras culturas.

Em notícia publicada no Jornal Folha de S. Paulo, de 8 de março de 2010, no caderno Dinheiro, páginas B1 e B3: *"Filiais brasileiras salvam balanço de multinacionais"* e *"Subsidiárias exportam gestão e inovações"*, o Brasil aparece como o país que cada vez mais tem exportado modelos de gestão, serviços e inovações. Por que não poderia se dar o mesmo também em relação às narrativas como ferramenta de gestão? De inovação?

De toda forma, uma coisa é certa: A Narrativa é um instrumento de transformação. Narrando, criamos realidades, nos construímos, nos reconstruímos, reinventamos nossa história e nosso mundo, nos comunicamos, trocamos experiências, nos desvelamos, compartilhamos, crescemos.

Narrar é fazer existir. É narrando um novo mundo que ele passa a existir. E podemos fazê-lo, juntos. "Eu tive um sonho" diz o líder, "Sonhemos juntos" diz o narrador.[14]

Precisa-se, pois de líderes narradores de histórias.

## Notas

[142] Ver anexo I.
[143] Dominique Christian, 1999, p. 35.
[144] Polkinghorne, 1988, citado por Dominique Christian, 1999, p. 51.
[145] Dominique Christian, 1999.
[146] Dominique Christian, 1999 p. 51.
[147] Padilha e Domingos, 2009.
[148] Joe Lambert citado por Leo, 2008, citada por Padilha e Domingos, 2009.
[149] Conf.: site: http://www.museudapessoa.net/
[150] Salmon, 2008, p. 40.
[151] Christian, 1999, p. 57.
[152] Denning, 2006, p. 266.
[153] Denning, 2006, p. 267.
[154] Cesar Romão, 2000.
[155] Dito por Dominique Christian, 1999.

# ANEXO

**André Malraux**, escritor francês (1901-1976), profetizou: *"O século XXI será religioso ou não será."*

Cada uma das grandes religiões trouxe uma noção fundamental do homem, e nosso tempo esforça-se apaixonadamente por dar forma ao fantasma que o século das máquinas colocou em seu lugar. Tanto mais apaixonadamente quanto com os campos de extermínação, com a ameaça atômica, a sombra de Satã reapareceu sobre o mundo, ao mesmo tempo em que reaparecia no homem: a psicanálise redescobre os demônios, para reintegrá-los no indivíduo. Mas, num mundo sem chave, onde o Mal se torna fundamental enigma, qualquer sacrifício, qualquer obra prima, qualquer ato de piedade ao heroísmo propõe um enigma tão fascinante quanto o do suplício da criança inocente, obsessão de Dostoievsky: quanto o de todos os pobres olhos humanos que descortinaram uma câmara de gás antes de se fecharem para sempre: a existência do amor, da arte ou do heroísmo não é menos misteriosa que a do mal. Quiçá a aptidão do homem para concebê-los ou conservá-los invencivelmente seja um de seus "componentes", como o é a aptidão para a inteligência: e o objetivo de nossa civilização, no âmbito do espírito, se torna, assim, depois de ter descoberto as técnicas que reintegram os demônios no homem, o de buscar as técnicas que reintegrariam nele os deuses.

Mas a reconquista da grandeza esquecida assume a forma que lhe dão os que a asseguram. É que cada nação a preserva a seu modo – e tende a agrupar-se, não com todas as outras, mas com algumas afins, em vastas áreas culturais. A nova civilização se manifestará de certo no Ocidente, não só sob sua forma russa, mas sob duas grandes formas que corresponderão, "grosso modo", as áreas católicas e protestantes. De cada uma dessas formas, do novo tipo de homem por elas suscitado, posso aqui dizer, como em Atenas: pertencerão a todos os que tiverem resolvido criá-las juntamente: o espírito não conhece nações menores, conhece apenas nações fraternas – e vencedores sem vencidos.

Eis aí onde a cultura encontra seu papel insubstituível. Pelo conhecimento, mas também por outros caminhos mais secretos. A cultura não consiste somente em conhecer Shakespeare, Victor Hugo, Rembrandt ou Bach: consiste antes de mais nada em amá-los. Não há cultura verdadeira sem comunhão, e talvez seu domínio mais profundo e mais misterioso seja a "presença", em nossa vida, do que deveria pertencer à morte. A cultura do novo mundo latino – que não é apenas o grande e velho mundo mediterrâneo, que não é somente a América Latina – será, como todas as verdadeiras culturas, uma cultura conquistada. O que ela deve conquistar para criar seu tipo de homem exemplar e para moldar seu novo passado é a presença, em seu seio, de todas as formas de arte, de amar, de grandeza e de pensamento que, no curso de milênios, sucessivamente, permitiram ao homem "ser menos escravo": o domínio que une, ao fundo de nossa memória, sob a imensa indiferença das nebulosas, as silhuetas invencíveis e outrora inimigas dos pescadores de Tiberíade e dos pastores da Arcádia... O império mais sangrento do mundo, o império assírio, deixa em nossa memória a majestade de sua "Leoa ferida": se há uma arte dos campos de concentração, ela não exprimirá os carrascos e sim os mártires. "Ergue-te Lázaro." Não sabemos ressuscitar os corpos, mas começamos a saber ressuscitar os sonhos – e o que hoje vos propõe a França, é que, para todos nós, a cultura seja a ressurreição da nobreza do mundo.

Reconheçamos que nos une um futuro fraterno, mais ainda que um passado comum. Tivestes razão, nas mais sombrias horas, quando não desesperastes de nós, porquanto, hoje, o General De Gaulle, que encontrou todas as chagas de meu país em seu legado, reencontra, apesar dessas chagas, a linguagem secular da França, para lembrar ao mundo que "é o homem que se trata de salvar". Porque a cultura tem duas fronteiras intransponíveis: a servidão e a fome. Que nos seja dado contribuir para apagá-las, que nos seja dado construir uma civilização que se assemelhe à nossa esperança, uma civilização que coloque todas as grandes obras da humanidade ao serviço de quantos homens as reclamarem!

Haveis pronunciado aqui, Sr. Presidente da República, palavras conhecidas de muitos dentre nós:

"Deste planalto central, desta solidão que será em breve o cérebro de onde partirão as altas decisões nacionais, lanço um olhar, uma vez mais, sobre o futuro de meu país e entrevejo essa alvorada com fé inquebrantável e confiança sem limites na grandeza de seu destino."

Quando, por minha vez, contemplo este lugar que já não é uma solidão, acodem-me ao espírito as bandeiras que o general De Gaulle entregou, em 14 de julho, aos chefes dos Estados da comunidade franco-africana, e o solene cortejo de sombras dos mortos ilustres da França, que amais, porque seus nomes pertencem à generosidade do mundo. E em sua grande noite fúnebre, um murmúrio de glória acompanha o bater das forças que saúdam vossa audácia, vossa confiança e o destino do Brasil, enquanto se vai erguendo a capital da esperança.

*André Malraux*
Ministro dos Assuntos Culturais da França
Brasília, 24 de agosto de 1959

# REFERÊNCIAS BIBLIOGRÁFICAS

ABECERA, Richard. Le médium du conte, c'est la parole. In: Colloque International, 1989, Paris. *Le Renouveau du Conte.* Paris: CNRS, 2001, pp. 174-178.

Anais do I Simpósio de Comunicação e Tecnologias Interativas. Disponível em: http://www2.faac.unesp.br/pesquisa/lecotec/eventos/simposio/anais.html

APPAN, P., SUNDARAM, H., BIRCHFIELD, D., "Communicating Everyday Experiences", First ACM Workshop on Story Representation, Mechanism & Context Networked Arizona State University, 2004.

BALLONE, GJ. – *Síndrome de Burnout* – in. PsiqWeb Psiquiatria Geral, Internet, última revisão, 2002 – disponível em: http://www.psiqweb.med.br/cursos/stress4.html

BENJAMIN, Walter. "*Expérience et Pauvreté*" in: Oeuvres II, traduit par Pierre Rusch. Paris: Éditions Gallimard, 2000.

BENJAMIN, Walter. "*O Narrador*" in: Os pensadores. São Paulo: Abril Cultural, 1983.

BLUNT, Ray. Leaders and Stories: "Growing the Next Generation, Conveying Values, and Shaping Character". Disponível em: http://govleaders.org/stories.htm Acesso dia 08 de maio de 2010.

BUDTZ, Christian. FOG, Klaus et YAKABOLU, Baris. *Storytelling. Branding in Practice,* Springer, New York, 2005.

CAILLÉ, Philippe et REY, Yveline. *Il était une fois... du drame familial au conte systémique.* Paris: Esf, 1985.

CAILLOIS, Roger. *L'homme et le sacré,* Paris, 1939, 2ª Ed., 1953.

CARVALHO; et al. "Plano de Transferência de Conhecimento Tácito e Crítico entre os Membros da Equipe do Centro Nacional de Gerência de Telecomunicações da Petrobrás". Disponível em: http://portal.crie.coppe.ufrj.br/portal/data/documents/storedDocuments/%7B93787CAE-E94C-

45C7-992B-9403F6F40836%7D/%7BA77F2D27-D6AF-40F3-BAEF-0-D52234D3846%7D/MBKM_RJ14%20%20Projeto%20%20Petrobras%20 2007TCOM.pdf>. Acesso em: 28 maio de 2008.

CARMINATTI, N., BORGES, M.,Gomes, J., "Collective Knoledge Recall: Benefits and Drawbacks", CRIWG 2005.

CASSIRER, Ernest. *Ensaio sobre o homem: introdução a uma filosofia da cultura humana*. São Paulo: Martins Fontes, 2001. 391 p.

CZARNIAWSKA-JOERGES, Barbara, *Narratives in Social Science Research*. (Thousand Oaks, CA: Sage, 2004), 10 disponível em: http://en.wikipedia.org/wiki/organizational Acesso em 20 de abril de 2010.

CYRULNIK, Boris. *Un merveilleux Malheur*. Paris: Odile Jacob, 2002.

CHARANDEAU, P. *Grammaire du sens et de l'expression*, 1996.

CHRISTIAN, Dominique, *À la recherche du sens dans l'entreprise... Compter, raconter ? La stratégie du récit*, Paris: Maxima, 1999.

COSTELLO, Paul citado por : SMITH, Lynn. "Not the Same Old Story", *The Los Angeles Times* , 11 november, 2001.

DENNING, Stephen. *O poder das narrativas nas organizações.*, Rio de Janeiro: Elsevier Editora Ltda, 2007.

DENNING, Stephen. *Liderar é da sua natureza*. São Paulo: Editora Fundamento Educacional, 2006.

ESTIN, Colette. Vous y croyez aux contes, vous? *Art et Thérapie*, Paris, nº 36/37, pp. 4-16, décembre, 1990.

ELIADE, Mircea. Trad. De Rogério Fernandes. O sagrado e o profano. São Paulo: Martins Fontes, 2001.

FINLAY, Marie e HOGAN, Christine. Who will bell the cat ? Storytelling techniques for people who work with people in organizations, 1995. Disponível em: http://otl.curtin.edu.au/tlf/tlf1995/finlay.htlm – Acesso em 06 de maio de 2010.

FREIRE, P. "Aprendizagem Organizacional", 2001. http://www.kmol.online.pt/artigos/200107/fre01_1.html, 2001

GAY-PARA, Praline. Le repertoire du conteur. In: Colloque International,1989, Paris. *Le Renouveau du Conte*. Paris: CNRS, 2001, pp. 115-122.

GODIN, Seth, *Tous les marketeurs sont des menteurs. Tant mieux, car les consommanteurs adorent qu'on leur raconte des hidtoires*. Maxima, Paria, 2007.

GROTBERG, E. *A guide to promoting resilience in children: strengthening the human spirit*. The Hague, Bernard Van Leer Foundation Early Childhood Development: Pratice and Reflections, Number 8, 1995.

HAMPÂTÉ BÂ, Amadou. *Contes initiatiques Pels*. Paris: Stock, 1994(b). 396 p.

HINDENOCH, Michel. L'art du conte. In: Colloque International,1989, Paris. *Le Renouveau du Conte*. Paris: CNRS, 2001. p.301-304.

JEAN, Georges. *Pour une pédagogie de l'imaginaire*. Tounai, Belgique: Casterman, 1991. 131 p.

KEYNES, *Essais sur la monnaie et l'économie*, 1930.

KOBASA, S.C Stressful life events, personality and health: an inquiry into hardiness. *Journal of Personality and Social Psychology*, 37, pp. 1-11, 1979.

KOBASA, S. C. et al. Hardiness and health: a prospective study. *Journal of Personality and Social Psychology*, 42, pp. 168-77, 1982.

LAKOFF, George et JOHNSON, Mark. *Les metaphors dans la vie quotidienne*. Paris: Minuit, 1985.

LAKOFF, George et JOHNSON, Mark. *Metaphors we live by*. Chicago, The University of Chicago Press, 1980.

LA SALLE, Bruno de. Peut-on grandir sans les contes? *Enfants d'abord*, Paris, nº 152, pp. 22-25, novembre/décembre, 1991.

LEO, Ana. "Escute! Dia Internacional das Histórias de Vida". Disponível em: <http://www.overmundo.com.br/overblog/escute-dia-internacional-de-historias-de-vida> Acesso em: 20 de maio de 2008.

MURET, Marc. *Les arts-thérapies*. Paris : Retz, 1983.

MATOS, Gislayne Avelar. *A palavra do contador de histórias*. São Paulo: Martins Fontes, 2005.

MARTIN, J., FELDMAN S., MJ Hatch e SB Sitkin *Management as storytelling, Management: Lessem Ronnie and Nussbaum Barbara*, (Zebra Press, Struik Publishers, South Africa 1996) Peter Christie and Gcina Mhlophe, From Sawubona Africa, Embracing Four Worlds in South African http://www.barbaranussbaum.com/downloads/sawubona_chapter6.pdf

MARTINEAU, S. *Rewriting resilience : A critical discourse analysis of childhood resilience and politics of teaching resilience to "Kids at risk"*. Tese de doutorado apresentada na The University of British Columbia, Canadá, 1999.

NONAKA, I.,TAKEUCHI, H.,"The Knowledge-Creating Company: How Japanese Companies Create the Dynamics of Innovation", 1995.

ONG, Walter. *Oralidade e Cultura Escrita*. Campinas: Papirus, 1998. 223 p.

ORNSTEIN, Robert. *A mente certa: entendendo o funcionamento dos hemisférios*. Tradução: Ana Beatriz Rodrigues e Priscila Martins Celeste. Rio de Janeiro: Campus, 1998.

PADILHA, Juliana dos santos e DOMINGOS, Adenil Alfeu. Storytelling em Blogs pessoais: novas formas e linguagens para contar histórias na internet. In: Anais do I Simpósio de Comunicação e tecnologias interativas. 12 e 13 de agosto, 2009, lecotec.Disponívelem: HTTP://www2.faac.unesp.br/pesquisa/lecotec/eventos/simposio/anais.html. Acesso em 05 de maio de 2010.

PELOW, Leslie A. "Is silence killing your company?", *Harvard Bisiness Review*, vol. 81, nº 5, mai 2003.

PEREIRA, Anabela M..S. "Resiliência, personalidade, stress e estratégias de coping". In: *Resiliência e Educação*. São Paulo: Cortez, 2001.

PERRET, R., BORGES, M. R. S., Santoro, F. M., "Applying Group Storytelling in Knowledge Management", International Workshop on Groupware San Carlos, Costa Rica, 2004.

POLKINGHORNE D., *Narrative Knowing and the Human Sciences*, 1988.

RAMZY, Ashraf. *What's in a name? How stories power enduring brands*, in SILVERMAN, Lori L. (dir), *Wake me up when the data is over*, San Francisco: Jossey-Bass, 2006.

RICOEUR, Paul. *Temps et récit : La configuration dans le récit de fiction*. Tome II. Paris: Éditions du Seuil, 1984, 298 p.

ROMÃO, César. "Organizações com foco no social e na humanização" www.cesaromao.com.br Disponível em: http://www.cesarromao.com.br/redator/item4875.html

SALMON, Christian. *Storytelling, la machine à fabriquer des histoires et à formater les esprits*. Paris:La Découverte, 2008.

SANTOS, Jair Ferreira. *O que é pós-modernismo*. São Paulo: Brasiliense, 1986, 3ª Ed, Col. Primeiros passos.

SCHWARZ, Fernando. *A tradição e as vias do conhecimento*. Lisboa: Nova Acrópole, s.d.

SILVA, Sara Alves. Modelação de processos Alternativos de Conflito utilizando a Técnica de storytelling: Universidade Técnica de Lisboa – Instituto Superior Técnico, 2006. Dissertação de mestrado. Disponível em: http://homepages.di.fc.ul.pt/~paa/reports/T18.pdf Acesso em 06 de maio de 2010.

SILVERMAN, Lori L. *Wake me up when the the Data is over. How Organizations Use Stories to Drive Result*, San Francisco: Jossey-Bass, 2006.

SCHANK, R. "Script theory", http://tip.psychology.org/schank.html 1982.

SMITH, Lynn. "Not the Same Old Story", *The Los Angeles Times* , 11 november, 2001.

SOLE, D.,WILSON, D. G., "Storytelling in Organizations: The power and traps of using stories to share knowledge in organizations", http://www.providersedge.com/kma/km_articles_general.htm, 2003.

STORT, Eliana V. R. *Cultura, Imaginação e Conhecimento: a educação e a formalização da experiência.* Campinas: UNICAMP, 1993.

SILVERMAN, Lori L. *Wake me up when the data is over,* San Francisco: Jossey-Bass, 2006.

TAVARES, José. "A resiliência na sociedade emergente". In: *Resiliência e Educação.* Organização: São Paulo: Cortez, 2001.

TERRA, José Cláudio Cyrineu. *Storytelling como ferramenta de gestão.* www.terraforum.com.br Disponível em: http://www.slideshare.net/jcterra/storytelling-como-ferramenta-de-gestão Acesso em 6 de maio de 2010.

THIERRY, Fabienne. Du texte à la voix. In: Colloque International,1989, Paris. *Le Renouveau du Conte.* Paris: CNRS, 2001. pp. 182-186.

TESSIER, Robert. Le sacré. Paris: Cerf, 1991.

TOLENTINO, Magda Velloso Fernandes de. *A metáfora.* Org. Eunice Pontes. Campinas: Editora da Unicamp, 1990.

TROCMÉ-FABRE, Hélène. *J'apprends, donc je suis.* Paris: Les Éditons d'Organization, 1987.

VANISTENDAEL, S. *Clés pour devenir: la resilience,* Les Vendredis de Châteauvallon, nov. 1998; BICE: Bureau international catholique de l'Enfance, *Les Cahiers du BICE,* Genève, 1996, p. 9.

VINCENT, Laurence. Legendary Brands. Unleashing the Power of Storytelling to Create a Winning Market Strategy. Dearborn Trade Publishing, Chicago, 2002.

ZARCATE, Catherine. Portrait d'une conteuse. *Dire,* Paris, nº 1, pp. 7-19, printemps, 1987.

YUNES, mara Angela Mattar e SZYMANSKI, Heloisa. «Resiliencia: noção, conceitos afins e considerações críticas" In: *Resiliência e Educação.* Organização: José Tavares. São Paulo: Cortez, 2001.

WATZLAWICK, Paul. *Le langage du changement.* Paris: Editions Le Seiul, 1980.

WARD, Victoria e SBACEA Kim – Disponível em: http://www.ikmagazine.com/xq/asp/sid.0/articleid.D542AD10-8535-41A9-ABDD-7A508A6546AE/eTitle.The_power_of_voice_Why_storytelling_is_knowledge_management/qx/display.htm Acesso em 06 de maio de 2010.

WEBER, Max. Sociologie de la religion ( economie et societé). Traduit et présenté par Isabelle Kalinowski. Paris: Flamarion, 2006.

WHITE, Leslie A.. *O conceito de Sistemas culturais.* Rio de Janeiro: Zahar, 1978.

ZUMTHOR, Paul. *Introduction à la Poésie Orale.* Paris: Seiul, 1983. 307 p.

# REFERÊNCIAS BIBLIOGRÁFICAS DAS HISTÓRIAS

• **Perguntas e respostas**
• **O lado certo**
• **Como Nasrudin criou a verdade**
• **O anúncio**
• **Nada a ver comigo**
• **Matéria para comer e material para ler**
• **O ritmo da vida**
• **Eu como...**
• **Onde há luz há esperança**
• **Usando os recursos**
• **Advinha?**
*99 Contos de Nasrudin*. Rio de janeiro: Caravana de Livros, 2009

• **A forma da neve**
(La forme de la neige, p. 51)
Jean Claude-Carrière: *Le cercle des menteurs.* Paris: Plont, 1998.
Tradução livre e reconto Gislayne Matos

• **Uma gota de mel**
• **Sabedoria à venda**
(O vendedor de conselhos, p. 49)
Malba Tahan. *Maktub!.* Rio de Janeiro: Ed. Conquista, 1964.
Reconto Gislayne Matos

• **O contador de histórias**
S.N.T. Reconto Gislayne Matos

- **A História de Mirza-Han**
- **A astúcia do camponês**

S.N.T. Reconto Gislayne Matos

- **Lucun à la pistache**

S.N.T. Reconto Gislayne Matos

- **A vaca foi para o brejo**

Internet

- **A princesa obstinada**

(A princesa obstinada, p. 99)
*Histórias da Tradição Sufi*. Rio de Janeiro: Ed. Dervish, 1993.

- **O Cavalariço**

S.N.T. Reconto Gislayne Matos

- **O Mestre e o jovem arrogante**

S.N.T. Reconto Gislayne Matos

- **A charrete**

(La charrette renversé, p. 185)
Jean Claude-Carrière: *Le cercle des menteurs*. Paris: Plont, 1998.
Tradução livre e reconto Gislayne Matos

- **O Tesouro de Bresa**

(O Tesouro de Bresa, p. 41)
Malba Tahan. *Seleções*. Rio de Janeiro: Ed. Conquista, 1963.
Reconto Gislayne Matos

*Outros Títulos Qualitymark*

## DREAMMAKERS:

### AGENTES DE TRANSFORMAÇÃO

– Michele Hunt –
– 200 páginas –
– 16 x 23 cm –

DreamMakers: Agentes de Transformação é o segundo livro da série DreamMakers, iniciada pela renomada catalisadora de mudanças e treinadora de executivos corporativos, Michele Hunt. A obra traz relatos marcantes de comunidades e organizações em diferentes lugares do mundo, que com dedicação e força de vontade, realizaram sonhos considerados inatingíveis.

Nesta edição, o case de destaque é a carismática história do CDI – Centro de Inclusão Digital para a Democratização da Informática. Sua ampla visão de valores vai além de fazer caridade pura e simples. Hoje, o CDI muda a vida de pessoas com a filosofia certa para que elas se tornem não só cidadãos alfabetizados tecnologicamente, mas também agentes de transformação social. Indivíduos que através de ações coletivas mudam sua realidade e edificam a comunidade na qual habitam.

Esta obra demonstra nossa capacidade de alcançar grandes realizações. Para isso é necessário liberarmos o "sonhador" que existe em cada um de nós, uma figura capaz de liderar, modificar organizações, comunidades e – por que não? – o mundo.

*Outros Títulos Qualitymark*

# A Era dos Talentos

Como o Método Maksuri de Gestão e Coaching de Talentos apoia pessoas e organizações a converter seu potencial inato em resultados extraordinários.

– Mauro Press – 224 páginas – 16 x 23 cm –

Conheça o Método Maksuri, criado para identificar, despertar e desenvolver os talentos inatos de pessoas e organizações, e apoiá-las a converter seu trabalho em fonte de sucesso, prosperidade, felicidade, sabedoria e liberdade. Os talentos inatos e os valores formam a base das competências de excelência e alto desempenho, da liderança individualizada e do trabalho sinérgico da equipe.

Este livro fará perguntas poderosas que lhe apoiarão a descobrir quem você é, de onde veio e para onde quer ir. Mostrará como gestão, liderança, consultoria e coaching de talentos podem alavancar seu potencial natural, para que se enfoque em suas fortalezas, contribuindo com seu melhor e lhe devolvendo o poder de criar seu destino.

Traz respostas que levam ao autoconhecimento, sua realização pessoal e seu sucesso profissional. Trata-se de uma obra que ensina, que apressa o seu caminhar e que impressiona. É uma obra que forma líderes e pessoas talentosas.

*Outros Títulos Qualitymark*

# ÉTICA DO TRABALHO
## Na era da Pós-Qualidade
**– Sebastião Amoêdo – 144 páginas – 16 x 23 cm –**

 O livro contribui para a implantação de posturas comportamentais nas organizações, oferecendo uma detalhada visão dos principais códigos existentes na iniciativa privada e no serviço público, além de um capítulo específico sobre "como instituir uma ética de qualidade" e um questionário para "auditoria ética".

 Este livro certamente, contribuirá para enriquecer a bibliografia da área, sendo preciosa fonte de consulta e referência. Sua Originalidade consiste em dedicar capítulos especiais a respeito da "ética pós-qualidade" e da "avaliação ética" ao tratar das exigências do consumidor anônimo, de produtos e serviços. Esta obra contribui para uma fértil reflexão sobre o assunto. Todas essas questões, trazidas a debate com veemência pela sociedade contemporânea, são analisadas com maestria por Sebastião Amoedo, apresentando-nos este importante caminho que leva no rumo da qualidade de vida, que tem como destino o bem comum.

*Outros Títulos Qualitymark*

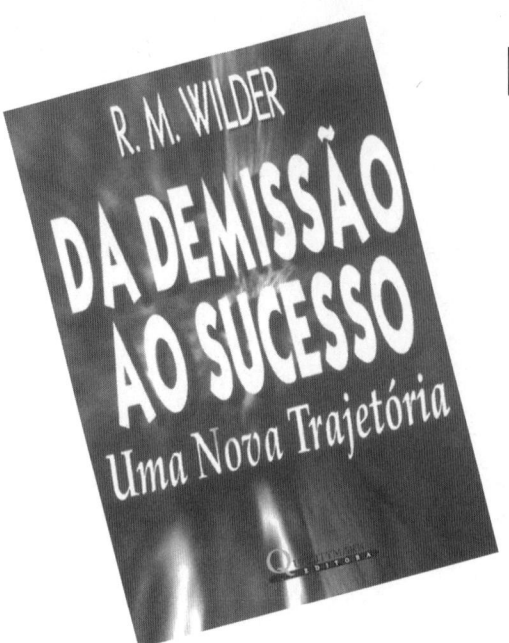

# DA DEMISSÃO AO SUCESSO

**Uma nova trajetória**

– R.M. Wilder –
– 116 páginas –
– 16 x 23 cm –

    A obra funciona como um programa de apoio em processos que envolvem o downsizing e a reengenharia, podendo ser utilizada nas empresas como auxílio para realocar funcionários atingidos pelo enxugamento de cargos ou corte de funções. A autora pretende ajudar as pessoas, fazendo com que elas achem um novo rumo para as suas vidas.

**QUALITYMARK EDITORA**

Entre em sintonia com o mundo

## QualityPhone:
## 0800-0263311

*Ligação gratuita*

**Qualitymark Editora**
Rua Teixeira Júnior, 441 – São Cristóvão
20921-405 – Rio de Janeiro – RJ
Tels.: (21) 3094-8400/3295-9800
Fax: (21) 3295-9824
**www.qualitymark.com.br**
**e-mail: quality@qualitymark.com.br**

**Dados Técnicos:**

| | |
|---|---|
| • Formato: | 16 x 23 cm |
| • Mancha: | 12 x 19 cm |
| • Fonte: | Bitstream Vera Sans |
| • Corpo: | 10 |
| • Entrelinha: | 12,5 |
| • Total de Páginas: | 176 |
| • Lançamento: | Junho de 2010 |
| • Gráfica: | Sermograf |